絶対成功する経営

深見東州

toExcel
San Jose New York Lincoln Shanghai

はじめに

今日、日本は世をあげて、長かった不況からの回復に躍起になっている。景気はようやく上向きかけたとは言え、長い不況に体力を奪われた多くの企業は四苦八苦、この一書が店頭に出た頃には、多くの中小企業の経営者の方々が、「元経営者」となっているかも知れない。

「のっけから縁起が悪いことを」と思われるかも知れないが、現実はシビアだ。多くの経営者諸氏が、いかに業績を上げるか、というよりもせめて前年並みの実績を維持するかと、七転八倒してがんばっている現状から、目をそらしてもしかたがない。

それに、かく言う私も資金を湯水のごとく使え、有為の人材を幾千幾万と駆使し、我が世の春を謳歌しうるような身では、生憎ない。中小企業の経営に携わる者のひとりであって、御同輩たる経営者諸氏と同様の辛酸を、決算期ごとになめている身だ。

そうではあるけれど、私は私なりの努力と経営コンサルタントをすることで、良い経営と悪い経営、危機を乗り切ってさらに伸びる経営者とたちまちつぶされてしまう経営者とを、たくさん見てきた。そういう経験と体験から、本書を世に問うことにした。日本中にあまたいる私と同様の中小の経営者の方々に、是非読んでいただきたいと思っている。と言うのは、「平成不況」は大企業以上に中小企業にとって、より辛い不況として立ち現われたものだったからだ。

しかし平成不況のリストラの、と言ったところで、所詮はあまたいる経営者、企業家が陶汰されるだけのもの。日本の、あるいは世界の経営がすべて死に絶えるという性格のものではない。良き経営者、秀れた企業家にとってはジャマくさいだけの同業他社が勝手につぶれてくれるチャンスでもある。生き残ることができたら、得られるパイは大きくなっている理屈だ。

私が所長を務めるコンサルティング会社「菱菱《びしびし》総研」では、世界に二つとない経営指導を行なって、多くの企業が成功をおさめている。この「絶対に成功する経営」は、不況のただ中であればこそ、あなたの経営に、あるいはあなたがこれから起こそうとする経営に、好況時以上の大きなプレゼントを与えられるはずだ。

私のアプローチのしかたは二通りある。

ひとつは成功している経営者の経営の神髄を学び、実践することである。本書の第一章と第二章が、それにあてられている。

第三章以降は、より高い次元の内容となっている。これは是非、あなた自身が読んで、そして実践して効果を確かめていただきたい。次元が高くはあってもそれは内容であって、いたって具体的かつ平易に説いたつもりだ。

本文にも書いたが、経営者がすべきことは小難かしい論文や理論を体得することではない。いかに景気が悪くとも、業績を伸ばしている人はいるのであって、あなたもそういう経営者と同様に、しかるべき道に従って日々努力すれば成功する。あなたの今の事業を天職と信じて、明るい心と感謝の心をもって歩まれんことを。

深見東州

絶対成功する経営

目　　次

第三章　時代の先を読む予知力の研究

本文イラスト　アオシマ・チュウジ

●第一章●

成功する経営者、失敗する経営者

経営者の意力不足が会社の危機を招く

男として生まれてきた以上いつか必ず自分で会社を経営する！——こういう願望を抱いている男性は多い。いや、男性にかぎらず、最近では女性の中にも会社経営を夢見る人は増えている。

しかし、会社経営というのは、それほど甘いものではない。

仲間と資金を出し合って会社を設立したのはいいが、収益が思ったほど上がらず、たちまち倒産とか、取引先が潰れて連鎖倒産の憂き目に遇ったとか、資金繰りに行き詰まって債権者から追われているとか、こんな話はいくらでもある。過去にそういった体験を持っている人も少なくないはずだ。

それくらい会社経営というのは難しいのだが、その一方で、手広く数社の経営に携わり、そのどれをも順調に発展させて成功者としての名声をほしいままにしている経営者も少なくない。

会社の収益を伸ばして社会の成功者となる人がいるかと思えば、片や経営に失敗して社会の敗者となる人がいる。その分岐点は一体どこにあるのだろうか。一言で言えば、会社経営に対する意力の違いにあると思う。

失敗例を個々具体的に見ていけば、理由はいくらも見つかるだろう。たとえば、期待していた銀行からの融資が受けられなかったとか、ヒット商品がなかなか生み出せなかったとか、取引先が突然、取引停止を通告してきたとか、理由は百も千もある。

しかし、それらは表面的な理由にすぎない。そういうあまたの失敗例の根底には経営者の意力不足、根性不足、根気不足があり、これがすべての会社倒産の本質的な原因になっているのだ。会社の倒産について、基本的に私はこう考えている。

会社経営というのは実に根気が要る仕事である。一カ月、二カ月頑張って収益を上げることはそれほど難しくはない。しかし、一年、二年、三年とずっと収益を上げ続けなければ、企業の成功はあり得ない。それだけの根性、意力があるのか。根性、意力を持続できるのか。そこが成功、失敗の分水嶺となっているのだ。

企業は「ゴーイング・コンサーン」と言われる。一時の成功ならあだ花でしかない。続いてこその企業なのだ。そうして三年以上利益を出し続けるとようやく社会的信用もでき、信用調査が入ってもクリアできる。経営者は三年続いてやっと一人前だ、ということだ。

安心感と飽きから放漫経営が始まる

ところが、なかなか、そううまくはいかない。会社経営がようやく軌道に乗って何年かたつと、誰でも経営に対する根性が不足してくる。他でもない、根性と情熱の不足によって、せっかく軌道に乗った会社を傾かせる経営者が考えられないくらい多いのだ。

創業時はギラギラするほどの情熱を会社経営に注いできたのに何となく集中力がなくなり、売上確保、新規開拓に対する情熱がなくなる。そんな秋風が心の中に立ち始めるのは、会社が軌道に乗るようになってから四、五年目ぐらいであろうか。人によって多少の違いはあるだろうが、経営の運びがよくなって四、五年たつと、大方の経営者は気を緩めてしまう。

それというのも、少々うまくいったという時点で安心してしまうからである。以前のようにシャカリキに営業努力をしなくても、向こうから仕事が入ってくる。自分が汗水流して働かなくても部下がそれなりに仕事をこなしてくれる。そんなことから、知らず

経営が軌道に乗った後、事業への情熱不足がおこる

知らずのうちにどこか安心しきって集中力を失ってしまうわけだ。

それともう一つ、「仕事に対する飽き」がある。これも気が緩む大きな原因だ。何年も同じ仕事をしていると、誰でも飽きてくる。こんな仕事、一体どれだけの社会的意義があるんだろうか、もっとほかに自分に適した仕事があるんじゃないだろうか、もっと楽に儲かる仕事があるんじゃないだろうか。こんな思いがふと脳裏をかすめた時には、すでに経営の危機が訪れているのだが、それを見過ごしてしまう経営者は決して少なくない。

この安心感と飽き、ここから放漫経営が始まるのである。

企業経営が傾く、会社が倒産する。その原因の最たるものは何かといえば放漫経営である。お金に対する考え方が甘かったり、売上を絶対に確保するぞというシビアな姿勢が欠けていたり。その原因は経営者自身の中身が放漫で、余計なところに気が向いているからである。

その結果、意気に燃えていたはずの少壮の経営者がお妾さんをつくったり博打に手を出したり、ゴルフに異常なぐらい時間をさくとか、あるいは株式投資や土地投機などのいわゆる財テクに血道をあげていたりする。

中でも特に女極道など、気の緩みの最たるものだ。ちょっとばかり会社の売り上げが上がってきたという状況なのに、あちこちに女を囲むような経営者がいまだに多いらしいが、そんなことをしていては会社経営に対する自分の情熱が下がり、社員の士気も下がるのは目に見えている。社員の士気が下がれば当然、実績も下がり、坂道をころがり落ちるようにアッという間に会社が傾く。そんな例は枚挙にいとまがない。

博打。ときたらこれは経営者として言語道断、もってのほかである。競輪、競馬にうつつを抜かしていて、社業が傾かないほうがおかしいというものだ。

それからゴルフ。近ごろゴルフ好きの経営者が非常に増えている。ゴルフをやらない経営者のほうが少ないくらいだ。まあ、ゴルフの話ができないと仕事に差し支えることもあるので、たしなむ程度なら問題はあるまい。しかし、それにも自ずから限度というものがある。ウィークデーだろうが何だろうが、年がら年中ゴルフ漬けになっているようでは、会社が傾くのは当然といってもいいのではないだろうか。

そして最後の財テクだが、これに手を出したくなる気持ちもわからなくはない。隣の会社が株や土地で大儲けしているのを見ると、地道にコツコツ働くのがバカらしくなり、ついつい自分も、という気持ちになるのは人情である。しかし、よくよく考えれば、それも自分の仕事に対する気の緩みから来る浮気にほかならない。自分の仕事に対する集中力が欠けているから、隣の会社や世間の動向が気になるのである。そんな気の緩みから財テクに手を染めて、本業がうまくはずもない。また財テクも半端になって、大損することになる。

これらはみな、経営者の気の緩みから生じるものである。経営者の中身が緩んでいるから、余計なところに気が散ってしまい、ついには経営の破綻を招いてしまうことになるのである。

衰退の前には必ず兆しがある

だいたい、企業経営が傾き始める前には必ず兆しがある。

たとえば、ずっと順調に業績が上がってきたのに、今月度から急に売上が二〇パーセントダウンした、としよう。売上が二〇パーセントダウンすると利益率はほぼ半分になる。三〇パーセントダウンすると利益はゼロどころかマイナスになる。つまり売上が二〇パーセントもダウンした時には、その企業は大ピンチに陥っているのだ。

凡百の経営者は、こうなってからあわててその原因を探り善後策を講じようとするが、私の経験から言えば、数値が落ち込んでから気がつくようでは遅い。落ち込む前に策を打てるようでなければ、成功なんてとても無理だ。

落ち込みが始まる前には必ず何らかの兆しがある。中小企業の月次決算で言えば、その兆しは三カ月前にある。大企業なら三年前にあると言えるだろう。三カ月前にさかのぼってみて、何か原因がありはしないかと探ってみれば、必ず見つかるはずである。

たとえば、営業マンが新規開拓を怠って、従来の顧客のところだけをグルグル回っていたとか、すでに商品が時代に合わなくなっていたとか、あるいは、それらの事柄を承知しながら営業マンが報告しなかったとか、営業部長などの責任者が見逃していたとか、そういう兆しが絶対といっていいほどあるはずなのだ。

もちろん、その段階では売上の数値に表れない。表れないから多くの経営者は気がつかない。しかし、気がつく経営者もいる。余計なことに気をとられず、自分の中身を経営一本にビシッと定めている経営者なら、パッと兆しを読み取って、素早く何らかの手を打つことができるのだ。

ところが、女だ、ゴルフだ、博打だ財テクだ、と気もそぞろになっている社長はこの兆しに気がつきようもない。兆しは出ているのに、それに気付かず手を打つこともせず、株式投資だとか愛人だとか趣味に夢中になっていて、売上や利益率が落ち込むところまで来て初めて「あっ」と気がつく。だが、ガンなどの病気の場合と同様で、自覚症状が出た時には、その企業は末期なのだ。

それに対して、時代は刻々と移り変わっていくんだ、世の中は諸行無常なんだということを知っていて、堅実に仕事に取り組んでいる経営者は、

「ああ、これはダメになっていくな。次はこれが伸びていくな」

というところを読んで、いち早く対策を講じる。

そうした企業はずっと売上と利益率が安定して進んでいく。日本の一流企業の中でも、経営者の良し悪しで差が出るケースは多い。たとえば二〜三年前倒産して英国企業に身売りしようとしてそれにも失敗したオーディオ機器メーカーの山水電機などは、前者の例だ。一方、もっと大手ではあるがソニーは、トランジスタ開発以来の技術面でのリードにあきたらず、常に小型化、超小型化、大量生産による価格引き下げを進めてきた。ソニーの最近の製品、ミニ・ディスクは私達のコンサートなどでも大いに活用させてもらっているすぐれものである。また飽和化したと言われて久しいビデオ・デッキ市

場に投入した五万円台のハイ・エイト機など、業界に革命を起こした高画質、小型、低価格商品だ。

一方は小なりとは言え、特にスピーカー製作とレーザーディスクで評価を得た企業、他方は技術のソニーと名声をほしいままにしてきた企業だ。しかし業界トップにあって、その座に甘んじていないから、ソニーの座はまだまだ安泰でありそうなのだ。

中小企業はだいたい月次決算主義のところが多い。毎月の決算でピシッと黒字が計上されれば年間収入もいいに決まっている。いかに毎月の売り上げをキチッと確保していくかが中小企業経営の基本だ。その月次決算が落ち込みに転じた時には、三カ月前に必ず兆しがある。その兆しを素早く読んで、早め早めに手を打っていけば、落ち込むことはなく確実に売上と利益率が上がっていくから、年次決算でしめてみたら前年度比一二〇パーセント、一三〇パーセントになっていた、という奇跡の成長が現実に可能となるのだ。

会社を経営し、順調に発展させていくことは至難の技である。いっとき収益を上げることはできても、上げ続けるとなるとこれは本当に難しい。企業寿命は三〇年、などといわれているが、いかに収益を上げ続けるか、これが企業経営の一番重要なポイントであって、収益を長く出し続ける会社であればあるほど、いい会社として評価されていい。それは規模の大小には関係ない。どんなに小さな会社であっても、利益を上げ続ける会社は立派で、その経営者は偉大だ。

経営をやっている人なら先刻承知のことと思うが、どんな小売店でも、どんな小さい卸売店でも、またそれがどんな小さな個人営業でも、利益をずっと上げ続けるということは本当に難しいことである。「企業は人なり」とはよく言うが、黒字を出し続ける経営者は黒字型人間。黒字にも赤字にもならない、まあまあの経営者は、トントン型人間。そして、何をやっても赤字になる経営者は、赤字型人間と言えるだろう。

本書を読んで、全ての経営者がこの黒字型人間になって頂くことを願ってやまないのだが、一般の人から言えば、会社経営に必要な五本柱、販売管理、労務管理、財務管理、資金調達、税金対策をバランスよく気配りして成功させるには、大変な意志力と積極性と智恵が必要なのである。

ニーズが変わるし経費が変わるし、最近は商品サイクルも非常に短くなっているので、すぐに新しい商品を開発しなければならない。

サービス業でもちょっと油断をすると、すぐに大手資本が参入してきて潰される。新規参入が相次いで競争が始まると、値段が安く、品質がよく、サービスがいいところが勝ち残り、そうでないところはやがて潰れていく。それだけに、ちょっと収益がいいからといって決して油断はできない。

だから、いやしくも企業経営者たるもの、いかなる時も精進努力を絶やしてはいけないのである。そうすれば、経営悪化の兆しが出た時にパッとキャッチして危機を回避できるから、コンスタントに売上と利益率を伸ばしていくことができる。

そういう会社の舵取りは、自分の精神状態が放漫になっていないかどうか、絶えず厳しく見ていないかぎり不可能だ。自分の中身が放漫になっていては会社の舵取りなんてできるはずはない。会社が失敗する原因はほとんどが放漫経営にあることを知っておくべきだろう。

賢い経営者はここが違う

もう一つ、会社経営に失敗する典型例は、ヒット商品が出た時、これである。

なぜヒット商品が出て倒産するかというと、ヒット商品がポーンと出るとたいてい従業員を増やしたり事務所を大きくする。もちろん電話も増設する。すると当然、固定費が上がる。固定費が上がっても二番目のヒット商品が生まれれば問題はないが、そうそう簡単にヒット商品は生まれない。それで、固定費に押しつぶされる形で経営が傾いてしまうわけだ。

ところが、中には賢い経営者もいて、ヒット商品が生まれても固定費を上げないように工夫しているところも少なくない。その一つが、テレビの通販で有名な二光という会社だ。

二光ではこれまで数々のヒット商品を生んできた。二光は賢いことに、一つの商品が飛ぶように売れても、ある一定の水準まで売れたらそれ以上売らないのだ。一定の数値まで出たらそれでストップ。あとは、次の商品開拓に全力を傾注するというのである。

なぜ、一定の数値が出たらそこで販売をストップするのかといえば、一つの商品が売れすぎると、その分だけ資金繰りを圧迫するし、社員の士気も緩んでしまうからという理由なのだが、そういうノウハウを持っていないところは、一つの商品が売れるとそればかりにワーッと力を入れる。だが、一つの商品の寿命はそうそう長く続くものではない。消費者のニーズは絶えず変化しているのである。そのニーズの変化を読めずに一つのヒット商品にばかり力を入れると、第二弾のヒットが出なかった時に困り果てることになってしまう。

まず税金がある。三月に年度決算をしたら、五月にはヒット商品が売れた分だけの税金を現金で納めなければならない。その税金を納めるのにお金がないから銀行から借り入れる。そして借入の返済をしているうちに第二弾のヒット商品が生まれずに倒産。こういうケースが非常に多い。

その点、二光という会社は通販に熟練しているから、第二弾が出なかったら資金繰りを圧迫するということで、ヒット商品が出てもある一定の数値で打ち止めにする。すると、社員の士気も緩むことなく、絶えず新しいものを新しいものをと、商品開発の意欲がかきたてられ、逆にヒット商品が生まれるというのだ。よく、

「二光お茶の間ショッピング。今日は高枝切りバサミをご紹介しましょう。こんなに高い枝もほら、このとおり。おまけに二段式だから収納にも便利。お値段もたったの九八〇〇円」

なんてやっているのをテレビで見るが、「次から次へとよく考えるものだなあ」と思うのは私一人ではないだろう。高枝切りバサミが出てきたと思ったら、次は布団圧縮

袋、その次は遠赤外線サポーター。

ああやって、絶えず新しい商品を打ち出して、ある一定以上売れたらそれで打ち止めにし、ヒットが絶えないように努力している。その商品開発に向けた意欲と努力には本当に頭の下がる思いがする。

あたら一つのヒットアイデアに頼りきったがために躓《つまず》いた例では、レコードレンタル店がある。

このレコードレンタルという商売、そもそもの始まりは一人の大学生のちょっとした発想、「貸本と同じようにレコードの貸出しがあったら便利だな」というアイデアから生まれたものである。だが、そのアイデアを生み出した当の大学生は会社設立後、ほどなくして倒産の憂き目に遇ってしまったのである。

彼のお母さんが、私がやっているラジオ番組のゲストに出演したことがあったので詳しく話を聞いているが、最初は「これだ！」と思ってレコードレンタルの店を始めたところ、驚くほどお客がやってきて大繁盛したという。しかし、そのあとに続く資金繰りなど経営の舵取りを知らなかったものだから、アッという間に倒産。多額の負債を抱え込む結果になってしまった。

ヒット商品が出た後、倒産に注意！

ところが、彼と一緒にやっていた仲間の一人に経営に長けている男がいて、この男が二番煎じでレコードレンタル店をやったら大成功。これが業界の老舗「You&I」という店である。

最初にレコードレンタルというアイデアを生み出した大学生と二番煎じでやって成功した経営者。その才能の優劣は一概に論じることはできないが、こと企業経営という点に絞れば、後者のほうがすぐれているのはいうまでもあるまい。

つまり、企業経営というのはアイデアだけでは勝負にならないのである。企業を生み出すきっかけにはなっても、アイデアだけでは企業を存続させることはできない。やはり、企業を存続させるには経営の技術が必要なのである。

その経営の技術をいかに磨き、自分の中身を放漫にさせることなく経営一本に絞っていくか。そこに経営の成否がかかっているといっても決して過言ではない。

会社経営というのは外から見るよりはるかにストレスの多い仕事である。だから、ある程度のストレス発散は必要で、その意味でゴルフなどのスポーツをたしなむ気持ちは理解できる。

しかし、何ごとにも限度、節度というものがある。その限度を越えて夢中になってしまっては、肝心の心の中がお留守になる。心の中がお留守になったらもう勝負にならない。なにしろ、マーケットは絶えず動いているのである。それに絶えずライバルがしのぎを削っているのである。ゴルフだ女だと夢中になっていて、そのマーケットの動きを的確に把握し、ライバルとの競争に打ち勝つことなんて到底できるはずがない。

逆にいえば、経営の技術を絶えず磨き、心の中をお留守にしなければ、どんな仕事をしても必ず成功する。いかにしたらいい商品がつくれるのか、時代は何を求めているのか、消費者は何を求めているのか、どうやったら販路を拡大できるのか等々、経営にまつわるすべてのことに関心を抱いていたら、身の周りのどんなことからでも学ぶことができる。見るもの聞くものすべてが新鮮に映り、すべてが斬新な発想のヒントになるのである。

「桐一葉落ちて天下の秋を知る」という言葉があるが、そういう心構えで生きている人は、ちょっとした兆しでも的確にキャッチし、「あっ、このままでは行き詰まるな」「あっ、これをやったらうまくいくな」と先手、先手に対策を講じることができる。そして、成功を長続きさせるのである。

そこが甘い人は、どんな仕事をしても決して成功することはない。

人の三倍努力する、これが絶対の成功哲学

拙著『大金運』に私は、「人の三倍努力すれば必ず成功する」と書いた。人の三倍努力する。これは、人の三倍働くという意味でもある。人の三倍努力し、人の三倍働けば仕事で成功しないなんてことは絶対ない。もちろんお金も入ってくる。

仕事にしても事業にしてもうまくいかない原因は、煎じ詰めれば、人の三倍働いていないこと、さらにはその意欲すらないことにある。だから何をやっても失敗ばかりしているのだ。「人の三倍努力する」というのは、古今東西に通じる絶対の成功哲学なのである。

だが、一口に人の三倍働くといっても、実践するとなるとこれがなかなか難しい。まず時間がない。一日は誰にも平等に二四時間しか与えられていないのだから、一日八時間働く平均的日本人の三倍となると二四時間。これではまさしく寝る暇もないということになる。

「それじゃあ、人の三倍働けといったって、物理的に不可能じゃないか」

こうおっしゃる向きもあるだろう。私の部下の中にも

「三倍働けといわれても、時間的に不可能です」

と単純にものをいうものもいる。

そういう時にはこういってやることにしている。

「君ね、人の三倍働けといったって、何も一睡もせずに働けといっているんじゃないんだ。頭をフルに使えということなんだよ。君、昼の食事はどこでする？　レストランか食堂へ行くだろう。食事が運ばれてくるまで、君は何をやっている？　おそらくマンガ本でも読んでいるんだろう？　だからダメなんだよ。それから、たまには散髪にも行くだろう。調髪してもらっている間、君は何をしている？　多分、うつらうつら眠っているんじゃないか？　だからダメなんだよ。この店はどうして繁盛しているのか、どうして客がこないのか。この店の経営者は、お客に足を運んでもらうためにどんな工夫をしているか。その気になって観察すればいろいろと発見できるはずだ。そのように、いつどんな時でも、何かを発見し、学び取ろうとする姿勢、それが大事なんだよ。それが人の三倍働けということなんだよ」

実は、自分の中身をお留守にしないで経営一本で努力し続けることも、「人の三倍働

く」ということに通じるわけだが、もう少し具体的に「人の三倍働く」ということの意味を客商売を例に引きながらお話しすることにしよう。

飲食店を成功させる秘訣―おいしい料理を提供すること！

まずは飲食店について、その成功の秘訣はどこにあるのか、これをお話ししてみたいと思う。

私が所長を務める経営コンサルティング会社・㈱菱菱総研の会員にも、手広く飲食店を経営している人が何人かいるが、その人たちから時々、

「どうしたらお客が来るようになるんでしょうか。最近、お客の足が遠のいて困っているんです」

という質問を受ける。まあ、飲食店でお客が来ないというのでは、さぞや苦労していることだろうと思われるが、私にいわせれば、一言でいって研究不足。頭の使い方が足りないからお客が来ないのだ、ということになる。

飲食店を繁盛させるなんて、これほど簡単なことはない。要するに、ものすごくおい

しかったらいいのだ。飲食店は立地条件がよくなければとか何とかいう人がいるが、そんなのはほとんど関係ない。もちろん、立地条件がよければそれに越したことはないが、それよりも何よりも一番大事なのは味。これに尽きる。

私のところの会員の中に中華料理店を経営している人がいるが、そこは本当においしい。だから、わざわざ車で一時間以上もかけてやってくる客もいて、いつ行っても満席である。それというのも本当に美味しいからであって、味さえよければ少しばかり立地条件が悪くても、サービスが悪くても、器が上等でなくても、飲食店は間違いなく繁盛する。

東京・杉並区の荻窪に丸福という評判のラーメン屋がある。狭い店内で、お世辞にもきれいな店とはいいがたい。それでも、うまいという評判が立っているから、いつ行ってもお客でいっぱいだ。ラーメン一杯一万円というのならちょっと考えるけれど、抜群においしく値段もまあまあならば、間違いなくお客が列をなす。地理的条件が悪くても遠くからやってくる。従業員が多少無愛想であっても必ず来る。別に、従業員を食べるわけではないのだから、極端な話、味さえよければ従業員の態度なんかどうでもいいのである。

確かに味もだいたい同じぐらいで、値段もまあまあというくらいだったら、サービスがよくて立地条件がいいほうが勝つ。しかし、圧倒的に美味しかったら必ず評判になって、黙っていてもお客が列をなすはずだ。

中華料理店でも日本料理店でも、売り上げの伸び悩みはどこにあるのかといえば、とにかく味が悪い、これしかない。

「なぜ、お客様が来ないのでしょうか」

と尋ねる人が多いが、なぜ、こんな簡単なことがわからないのだろうかと、こっちが尋ねたくなる。どうしてお客が来ないのかって？　まずいからですよ。まずくなくても、まあまあの味だからですよ。

抜群に美味しかったら必ずお客は来る。一度来て、美味しかったら友達を連れて来る。宣伝なんか少しだけすればいい。それでも必ずお客でいっぱいになること請け合いである。

では、それだけ美味しい味を出すにはどうしたらいいかというと、これは一にも二にも味の研究しかない。

たとえば、今現在まずい料理しかつくれない店、まあまあの味しか出せない店がある

事業繁栄の秘訣は、一にも二にも徹底した研究にある

としたら、こうしたらいいだろう。日曜日や祭日、それから平日でも店がハネたあとの空いている時間を利用して、自分の業界で美味しいと評判の店に行って自分の舌で味を確かめるのだ。

どんな味が評判いいんだろう。この味はどうしたら出せるのだろう。この研究をするわけだ。

一口に「人の三倍努力する」といっても、具体的にはこういうことなのである。

料亭・吉兆の成功の秘密

これに関して有名な話がある。それは料亭・吉兆にまつわる話である。

吉兆といえばいわずと知れた超一流の料亭。政財界のトップがよく利用することで有名だ。大阪の本店を初め、京都の嵐山店、それから東京では帝国ホテルやホテル西洋の中にも支店があるが、私は一応、すべての店に行ってみた。別に贅沢を楽しみたいからではない。なぜ、一流を維持していられるのか、その秘訣を知りたいからである。

だから私は、料亭にかぎらず中華料理店であろうがフランス料理店であろうが、一流といわれるところには必ず一回は行ってみるように努めている。

それはともかく、その吉兆の経営者の湯木《ゆき》さんには、三人か四人のお嬢さんと一人の息子さんがいるのだが、お嬢さんはみな、京都の「たん熊」などの一流の日本料理店で十何年と修行をしてきた板前さんと、見合い結婚している。

というのも、料理店や飲食店の経営の難しいところは、いかに腕のいい板前さんを確保するかにかかっているからなのだ。せっかく苦労して腕のいい板前さんを確保したかと思ったら、サッと辞められてしまう。すると当然、味が落ちる。味が落ちたら客が来なくなる。客が来なくなったら倒産する。だから、料理店や飲食店、レストランの難しいところは、腕のいい板前さんを確保することにあるというわけである。

その点、オーナーが料理長、オーナーがシェフというところはその心配がない。そういうことで吉兆の湯木さんは、お嬢さんをみな一流の腕のある板前さんと見合い結婚させているわけだ。まあ、お嬢さんたちも「この人なら」ということで一緒になったのだろうが、各店のオーナーが即料理長だから絶対に味が落ちない。離婚しないかぎり落ちることがないし、料理の研究をして独自のものを開発しても、その成果が外に漏れない。そのように味がいつもピシッと一定しているから、チェーン店を出しても何ら問題がないわけだ。

そのお嬢さんの一人、三番目のお嬢さんの旦那さんにたん熊さんからやってきた料理長さんがいるのだが、この人が私と親しくて、いろいろと日本料理のことを教えてくれる。

「料理の蓋に紫陽花の葉や梶の葉を使ったりすることがあるんですが、紫陽花は虫がつかないんです。虫がつかないということは毒性があるということですから、うちでは梶の葉を使ったりしているんです。ちょっときれいなあしらい、デザインとして使っているわけです」

それに対して私も、どこどこのお店に行ったらこんな工夫をしていましたよとか、金沢料理の特色はこういうところにあるんじゃないでしょうか、といった話をする。すると、向こうもまた料理のことについてとうとうとしゃべる。そうやって二時間から三時間語り合い、お互いに「大変勉強になりました」と。吉兆に行くと、そんな料理問答になることが多い。

これはその人から聞いた話だが、吉兆は経営者の湯木さんが一代で築いたのだそうだ。湯木さんの実家のお父さんは鰻屋さん。その鰻屋さんに生まれ育った湯木さんは三〇歳の時に、自分で日本料理店をやりたい、と発願したという。

　それでどうしたか。初めは京都・北大路の〇〇というところに入門して修行をしたいと思ったのだが、なかなか入れてくれない。そこで、しょうがない、自分で修行するしかないと決心し、まず南禅寺の近くにある瓢亭という料亭に行った。

　瓢亭、これまた四〇〇年からの伝統を誇る超一流の料亭だが、湯木さんがなぜ瓢亭に行ったかといえば、一流の味を自分の舌で確かめるためである。吉兆の湯木さんは、「よし、日本料理店をやるんだ」と発願して、一四日間、連続して瓢亭に通ったというのである。

「最高に美味しい料理を食べさせていただけますか。日本料理を研究していますので、これから毎日寄らせていただきます」

　と申し出た湯木さんに対して、老舗の料亭のプライドがあるから、瓢亭の料理長、

「よーし、受けて立とう」

　ということで一四日間、毎日通ったわけだが、出てくるメニューは毎日全部違うし、盛りつけてある器も全部違う。そしてデザートも全部違う。ちょっと聞いただけではたいしたことはないと思うかもしれないが、同じ季節に連続一四日間、毎日違う料理を出

すのは非常に大変なことなのである。

一四日もの間、毎日瓢亭に通った湯木さんもすごいけれど、「よーし、受けて立とう」といって、毎日全部違う料理を出した瓢亭もさすがだなあ、と思わざるを得ない。

そのように、鰻屋の息子さんが日本料理店をやりたいと発願して、おいしいと評判のお店に毎日通い、「お宅の最高のものを出してくれ」と研究にいそしんだ結果、あの吉兆ができたというのである。

お客が来なくて困っているという人は、この精神を見習うべきである。とにかく、いい味を出そうと思ったら、美味しいと評判のすべてのお店を巡って、最高のものを自分の舌で確かめたらいいのだ。私だったら、経済的事情が許すかぎり、余暇を見つけて毎日通う。土曜、日曜、祭日、仕事のない時には全部回ってみる。雑誌などで紹介されている評判のお店には必ず行く。

そして、行ったら行ったでただでは帰ってこない。

「あそこの料亭も美味しいと聞きましたけれど、ほかに美味しいと評判のお店があったら教えていただけませんか」

と必ず尋ねる。そうすれば、

「そうですね、○×さんも美味しいと聞いていますよ」

と教えてくれるはず。そうしたら、またそこに出かけて行く。

そうやって美味しいと評判のところを五〇〇店ぐらい回れば、どんな盛りつけをしているのか、どんなサービスをしているのか、そして四季折々どんな料理を出すのか、だいたいのところはわかるに違いない。そこまでの研究心と根性があれば、どんな飲食店でも成功しないほうがおかしいというものである。

レストラン・小川軒に見る研究開発の姿勢

日本料理から今度は西洋料理の話になるが、西洋料理でも一流どころとなると、やっぱりいい味を出している。ヨーロッパ系統の料理といえば、リキュールとかブランデーなどのアルコールと、セージとかオールスパイスなどの香辛料が特徴的だ。というのも西洋料理は肉が中心になっているから、これをいかに保存するか、いかに臭いを消すかということで香辛料やアルコールが発達したわけだ。

日本料理の場合はもともと素材が新鮮だから、醬油と味噌で簡単に味つけするだけでも美味しく食べられる。それだけ、自然の素材を生かせるというわけである。

そのヨーロッパ系の料理と日本の伝統的な料理を見事に融合させているレストランに小川軒という店がある。初めてその小川軒に行った時のこと、私はビックリさせられた。というのも、ウエイトレスが「お通し一丁、お刺し身一丁」と調理場に注文を出したからだ。

「ええ？　小川軒て、たしかレストランじゃなかったの。どうしてお刺し身が出てくるの？　レストランなのに」

ともかく、私の目の前に刺し身が運ばれてきた。ところが、刺し身の上にかかっているソースが、これがまた何とも表現できないほど美味しいのだ。それを見た瞬間、

「ははーん、高橋さんはこれを勉強したんだな」

と思った。高橋さんとは有名な志摩観光ホテルの料理長である。彼はあわびのステーキを初めオリジナルな日本料理をつくったのだが、その秘密はここでつかんだに違いない、と直感したのだ。

その小川軒、味は掛け値なしに最高である。何しろ、刺し身がお通しで、アントレーの前菜が七種類も出てくるのだ。大きな二つの貝の上にソースがほどよくかかってい

る。素材は日本の貝、その上にかかっているソースはヨーロッパ。それがなんと七種類出てくる。

おそらく日本の懐石料理を真似たのだろうが、小川軒はれっきとしたレストランである。

この味を出すのにどれだけ研究したんだろう、どれだけの精進努力をしたんだろう、小川軒を創設した人が、ヨーロッパ料理の美味しいところと日本料理の美味しいところを全部回ったんだろうな、と深い感動を覚えたものである。

この小川軒で修行した人が、長野県松本市で鯛萬《たいまん》というレストランを開いている。それを聞きつけた私は早速、師匠とお弟子の味の比べをするために松本まで出かけてみた。そして鯛萬の料理を味わったところ、やっぱり小川軒のほうが一味上だった。もちろんそれは、私の舌による判定であって、他の人が食べたら違う評価をするかもしれないが、私には小川軒のほうが美味しく感じた。

味はもちろんのこと、小川軒のすごいところは何といってもその研究力にある。何しろ、調理場を全部オープンにしているのだ。ということは、それだけ料理に自信を持っていて、「真似できるなら真似してみろ！」という姿勢が表われているわけだ。私が行った時も調理場を見せてくれるというので覗いてみたら、料理長が「これはこうするんだ！」と新米のコックを激しく叱っていた。それを見て、「ああ、お弟子を叱る時にはああすればいいいんだな」とまったく違うところで勉強したりしたものだった。

この小川軒にしても先の吉兆にしても、超一流といわれるところはそれだけ研究し、精進努力しているのだ。わけもなく超一流になったりはしないのである。

逆にいえば、それだけの研究と努力を重ねていけば、誰にだって超一流になる可能性があるということになる。

肝心なのはそれを知って努力することだ。日本料理なら日本料理、中華料理なら中華料理、レストランならレストラン、世間で美味しいという評判のお店を土曜、日曜などの空いている時間を活用して可能なかぎり巡って、その味を舌で覚え、その味が出せれば成功間違いなし。その上、サービスがよくて値段がまあまあで、地理的に便利なところだったら大繁盛しないはずがない。

だから、飲食店で成功しようと思ったら、それだけの研究と努力を積み重ねればいいわけで、そんなに難しいことではないのである。

ところで、菱菱総研では月に一回、関東と関西で「タメカンセミナー」という経営セミナーを開いている。

毎回私の他に、各界からゲストをお呼びして行なうもので、他では聞けない極意満載のセミナーとなっている。しかし、その「常連」の会員の方々は、「セミナーのみならず、その二次会がまた楽しい」と言って下さる。

実は「グルメ開拓二次会セミナー」という名の二次会なのである。回り持ちの幹事の方が、これはという店を捜してきて、その店で二次会を開く。そして、そこの味を学び、サービスを学び、繁盛する理由を学ぶという実地勉強会を兼ねた二次会なのだ。

実際に目にするのでより深く記憶に残るし、自分が接待に使える店としてチェックしておくこともできる。勿論、あくまで二次会であるから固苦しさはなく、会員同志の異業種間交流も深まり、人脈もできる。一石数鳥であって、まさに時間を数倍に使える二次会と自負している。読者の皆様にも是非一度いらしていただき、体験していただきたいと思う。

美容院の成功の秘訣

次に、美容院を例にして、その成功のための努力の方向性について語ってみよう。美容院にしても、その努力の方法は飲食店と同じで、やはり、成功しようと思ったら成功しているところを巡るのが一番。

たとえば東京だったら、銀座とか六本木とか青山とか美容院がひしめき合っているところを全部巡る。そしてレポートを書く。どういうサービスがよかったか、どういう液を使っていたか、それらをたんねんにまとめていけば、どうしたら成功するのか自ずから明らかになるはずである。

最新技術を駆使していて、しかもその世界で一番二番というところはやはり、一ひねり二ひねり三ひねりの工夫をこらしている。そうでなければ絶対トップには立てない。そこを研究し、真似すればいいのだ。

成功しているところはわけもなく成功していない。わけもなく有名になっていない。その研究力が秀でているところがやっぱりトップに立っている。じゃあ、どこが成功しているポイントなんだ、どこが有名になっているポイントなんだ。それを必ず見極めるという意欲と目的を持って、一流どころを巡ることが大切である。サービスなのか、使っている液なのか、お客との会話のうまさなのか。そこに注意して一生懸命探せば必ず見つかるはずである。

私もいろいろと一流といわれる美容院に行ったが、だいたいどこでも一人の美容師が三〇〇人ぐらいのお客の名前を覚えている。名前を覚えることが一つの重要なサービスになっており、だからこそ整髪している最中になんだかんだといろいろ話しかけてきてはペチャクチャおしゃべりしては、少しでもお客の印象を意識に刻み込もうとするわけだ。

そして二度目に行った時には、

「あっ、深見さんですね」

とさりげなくいう。こっちは、まさか一度行っただけで名前まで覚えていないだろうと思っているからビックリするけれど、何か心地がいい。まさにサービスのツボを心得ていた接客である。

そうやって一人の美容師にかかりつけになると、こちらが何もいわなくても希望どおりの髪型にセットしてくれる。だからますますかかりつけになってしまうわけだが、そういう腕のいい美容師にかぎって、ある日突然パッと姿を消すことがある。

「あの人、どうしたのですか」

「ええ、先日辞めました。独立したんです」

ところが、独立してうまくいくケースは本当に少ないらしい。

私の知り合いの美容師がこういっていた。

「銀座、赤坂、六本木の有名な美容院でどんなに腕を磨いていても、独立して田舎に引っ込んだとたん、ぐーんと技術が落ちるんですよ」

つまり、こういうことなのだ。

たとえば銀座や六本木の美容院には、芸能人など一流のセンスを求める人がいっぱい集まる。そういうアッパークラスの人たちは、多少料金が高くても最新情報と最新技術のある銀座や六本木にやってくるわけだが、彼らはカットの仕方一つでも非常にうるさい。それからロットの巻き方、これにもうるさい。そのカットの仕方、ロットの巻き方一つとっても、最新の技術ということになるとやっぱり銀座や青山、六本木ということになる。そういうところに集まるお客は一流のセンスを求めているから、すでに素晴ら

しいカットをしている。そこで、

「お客様、素晴らしいカットをしていらっしゃいますねえ。どこでカットされたのですか」

「青山の○×というお店で」

「はあ、なるほど。だから素晴らしいカットなんですね」

なんていいながら、「なるほど、こうやるのかあ」と勉強するわけだ。よその一流店でカットした作品が目の前にあるのだから、これほどの勉強材料はない。

こうやって、ますます最新の技術が習得できていくというわけである。

ところが、どんなに腕を磨いても、独立して田舎で自分の店を持ったら技術はそれで終わり。何しろ、「とにかくさっぱりしてくれれば結構ですから」というお客ばかりなので、適当にカットしていればそれでよく、腕の上がりようがない。技術の進歩なんてもう考える必要がないのだから、それは当然といえば当然だ。

それに対して、銀座、青山、六本木などに集まるお客はみな目が肥えている。客の目が肥えているのだから、銀座や青山で働いているかぎり、たとえ今現在たいした技術を持っていなくても最新の情報、最新の技術が必ず習得できる。

一流になるには、絶えず一流から刺激を受けることだ

それだけの差が知らず知らずのうちに生まれてくるのである。だから、美容院で成功しようと思ったら、そういう一流どころへ毎週行く。毎週が無理なら隔週でもいいから出かけていって、集まるお客のヘアスタイルを研究することである。そして、お店を持ったら、技術を習得して中身を向上させていくということを絶対に忘れないこと。そうすれば間違いなく流行る。そういう努力を地道にコツコツと積み重ねているお店が繁盛しているのである。

病院経営のポイント

医者になりさえすれば誰でも大金持ちになれる、というのは一昔も二昔も前の話で、近頃はだいぶ風向きが変わってきた。医者になったからといって、必ずしも社会的成功が保証されるわけではなくなってきた。ありていにいえば、病院も倒産する時代になったのである。

一昔前、病院が倒産するなんて、およそ聞いたことがなかった。しかし、最近やたらと病院の倒産の話を耳にするのは一体どうしたことか。もちろん、医師を増やすという国の政策によって医院や病院が乱立するようになったことに原因の大半があるのだろうが、果してそれだけだろうか。いや、そうではない。どんなに医院、病院が増えても繁盛しているところは繁盛しているのである。やはり、経営に対する甘い姿勢、これが倒産を招く大きな原因となっているといえるだろう。

それだけに、医院の経営、病院経営でも経営の技術をしっかり磨いていく必要があるのだが、特に求められるのが営業。私の知り合いの医師も、

「先生、医師も営業が要る時代になりましてね」

と語っていたが、まさにそのとおり。医師も営業しなければやっていけない時代に入ってきたのである。

もちろん、営業といってもこちらから出向いて顧客を引っ張ってくるなんていうことをいっているのではない。いわゆる広告活動などは医師法によって厳しく規制されているのだから、そんなことは初めからできるわけがない。私がいいたいのは、患者さんとのコミュニケーションにもっと気配りを、ということなのである。

アメリカでこういう面白い実験をしたそうだ。患者が喜ぶ言葉、患者が嫌悪感を感じる言葉をデータを取って調べ、患者が喜ぶ言葉を医師が努めて使うようにしたところ、

患者が従来の五倍に増えたというのである。

こんなことは、わざわざ実験しなくても最初から結果はわかりそうなものだが、いかにも、何でもデータを取りたがるアメリカ人らしくて面白い。それにしても五倍に増えたというのは驚きだ。

病院経営の一番のポイントは改めていうまでもなく医療技術である。腕が悪くては患者が来るはずもなく、ヤブ医者と評判の立ったところが繁盛したためしはない。それだけに医療技術が一番大切なのだが、技術が同レベルだったら勝負はメンタルな部分、つまり患者とのコミュニケーションにかかってくる。

前出の医師がこういう。

「先生、患者さんというのはね、医者にかかるほどの病状ではないからといって、そのとおりに『大丈夫ですよ、たいしたことはないですよ』というと、かえって不安になって来なくなるんですよ。まあ、本当に病気ではないのでもう来なくて構わないわけですけれど、よその病院に行って診てもらっているんですよ」

とおっしゃる。そして、

「たいしたことはないんだけれど、『少し気になるところがあるので検査をしましょう』

と検査をして、『ちょっと注射を打っておきましょう。これで大丈夫ですよ。大事に静養してください』というと、『あの先生はいい先生』ということでまた来るんです。だから、こちらも、『それで患者さんが安心してくれるのなら』とわりきって、それほど必要のない栄養剤を打ったりすることもあるんです。言ってみれば、こんなコミュニケーションも、治療の一環なんですよ」

ともいう。

「問題ないですよ、大丈夫ですよ」というと、「大丈夫なんだろうか、あの先生。ヤブ医者なんじゃないだろうか」と非常に不安になり、すぐに来なくなるというのだ。

そのように、患者のメンタルな部分、特にコミュニケーションを大事にすることが今日の病院経営では欠かせないポイントとなっているのである。

患者は黙って医者のいうことを聞いていればいいんだ、というような態度はもう論外。一昔前には通用しても、今の人にはそういう医者は嫌われるだけである。やはり、医師の世界でも医療の技術と並んで、会話の技術の勉強量、ここに勝敗の分かれ道があるのだ。

繁盛している病院と閑古鳥が鳴いている病院、その違いは一体どこにあるのか。治ればそれでいいじゃないか、と医師はいうだろう。しかし、それは大きな勘違い。もちろん病気を治すことが一番ではあるが、医療技術が同じぐらいなら感じのいいほうに行きたいと思うのが人情というもの。そういう感じのよさ、明るさというものを大事にする病院が繁盛しているのであり、そのように努力すれば大丈夫、少なくとも閑古鳥が鳴くようなことには絶対にならない。

ところが、医者は概ね頑固である。特に年配の医者は頑固だ。プライドが高いというか、「患者の機嫌なんかとっていられるか」という態度をあからさまにする医師が多い。だからこそ私は、経営相談に来るお医者さんたちに、

「病院経営は簡単ですよ」

とアドバイスするのだ。

昔ながらの高飛車な病院が多い中で、〝患者に親切〟を売り物にしてやっていけば、「あそこの先生はいい先生」と評判が評判を呼んで、黙っていても患者は集まってくる。現に、そういう病院が最近では増えてきている。

これは動物病院の話だが、私の知り合いにこういう獣医がいる。お客が犬を連れてくると、「いい犬ですね、いい犬ですね」と褒めてくれて、犬が苦しんでいる時には涙を

流さんばかりに同情を寄せながら診察する。そういう情感豊かで共に涙を流せるような先生がいるところへは、「あの先生はとてもいい先生だ」といってみんな喜んで出かけていく。腕のよし悪しはほとんど関係ない。とにかくやさしい先生だからいい先生だ、と皆が口を揃えて言う。それを聞いて、

「はは一ん、将来、動物病院を経営することがあったら、涙もろい人をいれたほうがいいな」

なんて思ったものだが、それはともかく、犬が苦しんでいるのを見て涙を流すのは犬のことを心から思っていてくれているからだ、と飼い主が思うのは当然といえば当然だ。勿論、腕が良いのにこしたことはないが、それよりも獣医のそういうやさしい態度は客にとって喜びであるわけだ。

それともう一つ、私の近所で評判の医院がある。そこは診立てが早いので有名で、パッと診たらすぐに処方箋を書いて、一〇分か長くても二〇分で終わり。だから、いつ行っても待たされることがない。その上、問題があればピシッとシャープに診察するから、忙しい主婦には大変な人気だそうだ。

やはり、それなりに研究しているのだ。会社でも何でも、わけもなく繁盛しない。繁

盛し続けている会社、お店は、やはり繁盛する法則をわきまえているから強い。病院でも繁盛しているところはみな、その法則に則っているのだ。

同業他社の徹底研究が成功への第一歩

とにかく、事業で成功しようと思ったら徹底的に研究することである。どんな商売でも必ず同業他社があるわけだから、それを徹底的に研究して、成功している理由は何なのか探り出す。もちろん、理由は一つではない。いくつかの理由が複合的に絡み合って一つの大きな成功に結びついているわけだから、これとこれとこれが成功の理由なんだというふうに探し出す。

そういうつもりで研究していけば、「あっ、ここが成功している秘訣なんだ」「あっ、ここがお客に受けているところなんだ」と、必ず気がつく点があるはずだ。

いずれにしても、成功している同業他社を徹底的に研究することから成功の道は開けてくるわけだが、この場合、忘れてならないのが必ず現地に足を運ぶということ。机の前でいくら経営書を開いて考えても、決していい知恵は浮かんでこない。とにもかくにも、現地に足を運んで体験する。これが肝心なのだ。

そうすれば、絶対に何らかのひらめきがある。そのひらめきを得るために何度でも足を運ぶ。そういう徹底した姿勢がなければ、競争の激しいこの世の中、同業他社に勝ち抜くことなんかできるわけがない。

だから私も、美容院に行った時など、ボケーッとしている時間がもったいないから、

「だいたい一人の美容師さんで、何人ぐらいのお客の名前を覚えるものなのですか」

と話しかけたり、マッサージをしてもらっている間は、マッサージの仕方を研究したりしている。同じマッサージでも人によって全部やり方が違う。それを鏡で見ながら、「ああ、こういうふうにやるのか」と目で覚えて、会社に帰ってからスタッフを相手にやってみる。

「所長、そのマッサージ、どこで覚えたんですか」

「美容院で覚えたんだよ」

ボケーッとしている時間がもったいないから、美容師さんに話しかける。美容師さんもいろいろと話をしてくれる。そうして、新しい発見があるわけだ。美容師さんが最低三〇〇人の名前とその人の趣味を覚えているなら、私は最低三〇〇〇人の顧客の名前を

覚えよう。それでいろいろと努力して、出身地や出身大学などと絡ませると覚えやすいことがわかった。

「やあ、久しぶりですね。あなたはたしか北海道出身の鈴木さんですね」

「えっ？　よく覚えていらっしゃいますね」

名前を覚えてくれているということだけでも、相手にとってはうれしいものである。

それに反して、

「えーと、何とおっしゃいましたっけ？」

といえば、

「何だ、名前も覚えてくれていないのか」

と思われるのは当然といえば当然。名前を覚えるなんて小さなことかもしれないが、そういう小さな努力とサービスの積み重ねがリピートオーダーにつながり、「またお願いしようかな」という気持ちにさせるのはいうまでもあるまい。一口に工夫とか努力とかいうが、成功をめざす経営者にはあらゆる工夫、努力が求められているのである。

まあまあの研究では、まあまあの成功しかない

ということで、成功を収めようと思ったら徹底した研究が必要なのだが、多くの場合、研究するといってもみんな中途半端なのだ。

私は、そば屋さんと話をしたら、二八そばのつなぎと味の特色、また同じ長野県のそばでも北方と南方ではそばの味が違うので、その味の違い、そして九州のそばの特色、そういうそばに関する話を延々と二時間でも三時間でもディスカッションする。すると、

「ご実家はおそば屋さんなんでしょ?」

といわれる。

「いや、そうじゃありませんよ」

「いや、隠さなくてもいいじゃないですか。おそば屋さんなんでしょ?」

うどん屋さんに行くと、またうどんの話が延々とできる。

「うどん屋さんなんでしょ?」

「いや、違いますよ」

美容院に行けば、さっきも話したとおり美容院に関する話をする。

「美容院なさっているんでしょ?」

「いや、違いますよ」

どこへ行っても、その業種の人間と間違えられる。

「どうして、そんなふうに勉強するんですか」

とよくいわれるが、興味があるし、時間がもったいないからである。なぜ、この店は流行って、こっちは流行らないんだろう。必ず理由があるはずだ。その理由は何だろうと、そばを食べている時でも、整髪してもらっている時でも、何をやっている時でも研究しているのだ。

私は、経営者だろうが従業員だろうが、誰にでも絶えず話しかけて、その秘密を知ろうとしている。どんな業種でも、その場に遭遇し何かひらめいたら、「これは神の教えに違いない」と考えることにしている。「これは偶然だ」とは絶対に考えない。偶然だと考えたら最後、何一つ発見できなくなってしまうからだ。

そのように話をしながらいつも成功の理由を追求しているわけだ。興味を持っているから、聞いたことは全部覚えてしまう。「ははーん、そうか」と。

そして、次に別の店に行ったら、前の店で尋ねたことと同じことを聞いてみる。

「何々というお店で聞いたんですけど、何でも、こういうことらしいですね」

「いや、そうじゃないですよ。それはこういうことですよ」

そしてまた別の店にいったら、

「こういうことがあるらしいですね」

「いや、それもそうだけど、こういうのもありますよ」

向こうはその道のプロだから、半分意地になって教えてくれる。そして、その業種の知識が私の頭の中にビシッと入る。だいたい七軒ぐらい回ったら、プロと同じくらいの叡智が身につくはずだ。こうやって、成功のノウハウが私の中にどんどん蓄積されていくのである。

これはどんな業種にも通じること。一口に「人の三倍の努力をする」というけれど、具体的にはここまでやって初めて、「人の三倍努力した」ということができる。成功していない人は、こういう努力が圧倒的に足りない、研究が足りない、上昇志向が足りないのである。

同業他社の研究には、直接足を運んでこの眼で覚えよ

会社を興し、成功し、その成功をずっと維持していくには秘訣があるわけだ。だから、仕事が空いた時に同業他社で成功しているところ、評判のいいところに足を運んで、その秘訣は何なのか、なぜ成功しているかを知って、自分で体得したらいいのだ。

この精進努力、成功するためにはどんな苦労もいとわないという意力、これが足りないから売上が伸びない。成功しない。それ以外に何の理由もないのである。

●第二章●

成功する経営者はここが違う

あきらめの心はこうして克服する

会社を軌道に乗せ、仕事を成功に導くためには、とにかく精進努力を積み重ね、徹底した研究を継続していくほかかない。逆にいえばそれだけの努力、つまり人の三倍の努力をすれば、どんな人でも絶対に成功できるというわけだが、それでも企業の経営者ともなると乗り越えていかなければならない壁がいくつもある。

その一つが、〝あきらめ〟という壁である。徹底した研究と精進努力をした結果、すぐに成果が現われれば誰も苦労はしない。しかし、現実はそう甘くはない。自分なりに一生懸命努力しているのになかなか結果が出ない。こんなに頑張っているのにどうして業績が上がらないんだろう。どうしてヒット賞品が出ないんだろう。そのように、努力と結果がすぐに結びつかないことも多いのだ。

そこをグッとこらえて一年、二年、三年と黙々と努力を重ねていくと、ある日突然、パッと道が開けたりするものだが、そこまで達しないうちにあきらめてしまう人が非常に多い。

これは何もビジネスの世界にかぎったことではない。芸術の世界にしろスポーツの世界にしろ、どんな世界でもその道で業をなすために越えていかなければならない大きな壁があり、ほとんどの人がその壁を乗り越えることができずに、道半ばで断念してしまう。

その壁をいかに乗り越えるか。そこに、一流の域に達するか、まあまあで終わってしまうかの分かれ道がある。

奥が深いといえばいえなくもないが、性格的に〝あきらめがいい〟人にとってこれはつらい。そんなことから、「ああ、俺には才能がないんだ」と途中でやめてしまう経営者は少なくない。

努力しても努力してもなかなか売上に反映しない。実績が伸びない。従業員が居つかない。するとどうしても、「俺には経営は向いていないんじゃないか、才能がないんじゃないか」という思いにとらわれ、企業経営を断念してしまうという。私の周りにもいっぱいいる。

大成功を収めた経営者というのは、そうはいない。だからこそ、この点を克服することは、大いなる成功を約束することにもなる。

中島常幸の至言「ゴルフは所詮技術」

どんな分野でやっていくにしろ、ある程度のレベルに達すると何かしら壁にぶつかるものだ。「俺は人生で壁にぶつかったことがない」なんてうぬぼれている人間は、何にしても壁に当たるほど打ち込んだことのない半端者でしかない。

たとえば、長いこと日本のトッププロとして活躍しているジャンボ尾崎や中島常幸といったプロゴルファーにしても、あそこまで昇りつめるまでにはそういった壁をいくつも越えてきているのだ。口には出さないけれど、それは間違いない。

ゴルフというのは、やった人なら誰でも知っているが、練習しても練習してもなかなか上達しないスポーツである。スキーや水泳だったら、やればやるほど腕が上がっていくし、一度体で覚えたら決して忘れることはない。つまり、努力の成果がそのままストレートに現れるスポーツといえる。

ところがゴルフはそうではない。やってもやっても技術が向上したという実感が得られないし、「あっ、これだ、この感触だ、このフォームだ」と一つ開眼したように思えても、翌日になったらまた元通りの悪いフォームに。そんな繰り返しばかりが延々と続くスポーツだ。

さて、この壁をどう乗り越えたらいいのだろうか。これについて、プロゴルファーの中島常幸さんが素晴らしいことをいっている。曰く、

「ゴルフというのは所詮、技術なんだ」

中島常幸さんというプロゴルファーを知らない人はいないと思うが、彼はこれまでいろいろな大会で優勝している。しかし、メジャー大会ではなかなか勝てないからというので数年前、フォームを改造した。メジャー大会で優勝するにはこれまでのフォームではダメだ、フォームを改造して大きく脱皮するんだ、と考えたわけである。

ところが、フォーム改造に取り組んだものの、なかなか思うようにフォームが決まらない。

それで二年間、本当に葛藤して苦しんで、悶々とした日々を過ごしたという。その間は優勝できない。優勝できなければもちろん賞金も入ってこないから、経済的にも逼迫する。それでも、もっと大きくなるんだという夢を捨てずに頑張って、今や三〇〇ヤード以上飛ばすようになった。マスターズでも日本人最高の六五のスコアをマークした。そ

う成果を見て初めて、「これでよかったんだ」と自分自身、納得したということである。

その中島常幸さんが述べた台詞が、この「ゴルフというのは所詮技術である」という言葉は、それだけの苦労に裏打ちされた、含蓄のある台詞である。

経営に話をもどすなら、いったんうまく始めたように見えたあなたの経営が行き詰まったとしても、技術として個々に検討し克服すれば、必ずなんとかなるということだ。ゴルフにかぎらず、何かを習得しようとする場合、素質がなければダメだとか運がなければダメだとか、いろいろいわれている。もちろん、現実には素質も必要だろうし運も必要だろう。しかし、素質論や運命論で考えてしまうと、努力の方向性がわからなくなってしまう。

そこを中島常幸さんは「ゴルフは所詮技術なんだ」と割り切って、クラブをどう使っていけばいいのかとか、こういう天候の時にはどう攻めたらいいのかとか、あらゆるケースを想定して技術を磨いていった。ものの考え方、メンタルな部分の持っていき方、クラブの使い方、コースの攻め方——あらゆる技術の習得に励んだ。スランプに苦しんでいる時にも、「ゴルフは所詮技術なんだ」と自分自身にいって聞かせたわけだ。

ゴルフも経営も、所詮技術である

そう割り切って努力を続けていくと、有形無形の技術革新ができて、結局は非常に技術が練達し、達人の域に達する。運、不運というのはその次に来るものなのである。

会社経営も、これと何ら異なることはない。松下幸之助さんなどは経営の神様と尊敬を一身に集めていたが、あの域に達するまでは、いろいろと試行錯誤を繰り返しながら経営の技術を磨いていった歴史があるに違いない。最初から神様であったわけでは決してないはずだ。もちろん抜群の素質もあったろうが、才能や素質の面ばかりに目を奪われて、そういう他人の目には見えない努力の部分を見逃してしまうと結局、「俺には才能がない、素質がない。だからダメだ」ということになりかねない。

ゴルフも技術、経営も技術なんだと思えば、努力をしようという気が起きてくる。そして、その努力とはどういうものであるべきか、どういう方向で努力していけばいいのか、という点について確信が得られればもうこっちのもの。苦労の期間の長い、短いはあるかもしれないが、いずれの日にか必ず光明が訪れるはずである。

不得意分野から逃げるな

一口に経営者といってもいろいろなタイプがある。経理畑をずーっと歩んできた人、総務を長いこと担当してきた人、営業をバリバリやってきた人、製造部門にたずさわってきた人と、それぞれ得意分野がある。ということは不得意分野もあるわけで、これをいかに克服するか。これも経営者に課せられた大きなテーマである。

というのも、組織の頂点に立つ人はオールマイティであることを求められるからだ。営業は得意でよくわかっているが、財務となるとどうもよくわからない、というのでは組織の長としていささかもの足りないし、部下を掌握することもできない。

だから、不得意分野があったら一日も早く克服する必要があるのだが、これが案外難しい。難しいけれど、ひとたび克服したら、これほど武器になるものもない。

私自身の恥を話すことになるが、私は子供の時分からスポーツが大の苦手であった。苦手であると同時に、スポーツをバカにしていた。ことあるごとに「スポーツマンといわれるほど私はバカではございません」なんて言っていたものである。

なぜ、スポーツマンをバカにしていたか。それは、悩んだ時にスポーツをやればスカッとするというが、スカッとしてそれでおしまいで悟りがないからだ。その証拠に、健康なスポーツマンで文学賞を取った人というのはあまり聞かない。文学賞を取ったり、悟りの深い人というのはみんな、川端康成とか井上靖みたいにどこか病的な感じがする。陰の世界を表現するわけだから、スポーツをして活発に体を動かしていると陰の世界から遠のいてしまう。そんなスポーツは、悟りの世界に興味を持っていた私にとって何の益にもならない。こう考えていたのだ。

そんな私も、三七歳から突如としてゴルフを始めた。そして、三八歳からはスキーを始めた。得意な分野だけをやるのが道ではない、不得意な分野でも習得しなければいけないと思って、今、ゴルフとスキーに励んでいるわけである。

それにしてもゴルフは難しい。スキーは一度覚えたら元に戻らないが、ゴルフは「できた!」と思っても、またすぐにできなくなる。しかも、どうしてできないのか、その理由がわからない。

私のところのスタッフの中に、上智大学の史学科で遺跡を発掘していた人がいる。その人が打ちっぱなしに一度行っただけでコースに出たら、スコアが五二と五三。二度目にコースに出た時には五一と五二。私なんか三年半やっているが今だに五四・五四の一〇八が最高。最近やっとコンスタントに五〇台の半ばで回れるようになったが、それでも、そんな人を見るとやる気をなくす。あれほど苦しみ悩み葛藤していたのに、たった一度打ちっぱなしに行っただけで五一と五二。それまで〝墓掘り〟してきた人が、三年半やっている私よりいいスコアで回るなんて、一体どういうことなんだ!? と理不尽さを感じてしまう。

しかし、不得意な分野だからこそ頑張らなければいけない。不得意な分野でやりこなしたら、その分だけ人に教育ができるのである。得意な分野で何でもスイスイやってきた人には、できない人の気持ちがわからない。なぜできないのかがわからないからだ。

苦手を克服した人は、良い教師となる

私は予備校の経営に携わっているのだが、自分の事業の状態を本人が評価するというのは、なかなか正確にはいかない。しかし、私は勉強が苦手の子供を、勉強好きにさせるという点では自信をもっている。もちろん、うちで勉強した生徒達が学業において向

上してくれている、という裏づけはある。だがそれだけではない。私には、生徒がどこでつまづき、どこで勉強が嫌になるかがわかるのだ。なぜなら多くの生徒達の弱点は、私の弱点でもあったからである。

私は子供のころ、勉強が不得意だったから、なぜ人が勉強できるのかがわからなかった。そこで、どうしたら勉強ができるようになるのか、どうしたら成績が上がるのか、いろいろ考えた。下敷きが違うんじゃないか、カバンが違うんじゃないかと思って、下敷きやカバンをいろいろ変えてみたが、成績はちっとも上がらなかった。大人の頭で考えれば当たり前のことだが、子供心に、そんなところに勉強ができるようになる秘訣があるんじゃないかと考えたわけだ。

カバンを変えたけれど成績は上がらない。下敷きを変えたけれど成績は上がらない。それで悩んで葛藤した結果、いろいろな勉強方法があることがわかった。それらの勉強法も一通り試したが、やっぱり成績は上がらない。そうしてやっと、成績を上げる極意がわかった。

すなわち、遊ぶ時間をなくしてその分だけ勉強すれば成績がよくなる、ということがわかったのだ。

当たり前のことじゃないかと思うだろうが、これになかなか気がつかないのである。

その成果を今、予備校で活用している。その予備校では夏と冬に六日間の学習道場というのをやるのだが、その間は朝から夜まで缶詰状態にして勉強させているのである。

しかし、何かを教えるわけではない。何も教えずに、ただ遊ばないように監視しているだけ。そうして朝から夜まで一日一〇時間ぐらい勉強させる。六日間でトータル六〇時間、その間、普通の子でだいたい問題集七冊をこなす。この方法が成功して、真ん中ぐらいの子がどんどん成績を上げている。

そのように、私にできなかったことを生徒にやらせているわけで、不得意な分野で苦労し克服した分だけ人に教えることができるのである。

これは教育者としての私の自負であり、大事な財産だ。しかし、他の事業の経営者にも当てはまるはずだ。例えば社員、店員を指導する必要は、どんな経営者にも生じる。その時、たとえば接客態度であれ、商品管理であれ、自分が苦しんだ末に体得した知識、技術がある経営者は、相手がどこで壁にぶつかっているのかがわかるから、親身になれるし、適切なアドバイスができる。

およそ、自分ができない分野を社員にやらせようとしたって、そもそも無理なことだ。つまり苦手の克服というのは、社員、店員の信頼を得るための肥やしにもなるのだ。

専門書などにのめり込むな。
――財務管理と資金調達だけをマスターせよ！

企業の舵取りをする経営者ともなると、いろいろな経営技術を身につけておかなければとても努まらない。人を使う技術、銀行からお金を借りる技術、返済する技術。一般的な言葉でいえば労務管理、財務管理、資金調達、それから販売管理に在庫管理……。これらのことに精通、とまではいかなくても、ある程度は把握しておかなければならないのが経営者というものである。

中でも財務管理と資金調達、こればかりはキチッと把握しておく必要がある。「財務管理、資金調達はどうも苦手で……」というようでは、経営者として失格の烙印を押されても仕方あるまい。

ところが、財務管理や資金調達が苦手だという困った経営者が少なくないのだ。『バランスシートの読み方』だとか『財務に強くなる方法』といったたぐいの本がロングセラーになっているのは、そんな経営者が多いということの証左である。

他人の弱点克服は、成功の早道だ。数ある経営のための技術の中で、財務管理と資金調達というのは、成功のための王道ということになる。

ここでは財務管理に強くなる方法を引き合いに、不得意分野の克服はどうやったらいいのか、その具体的方法について私の体験から語ることにしよう。

実は私も、会社を興すまでは財務管理ということにはまったく興味もなかったし、知識も持たなかった。貸借対照表や損益計算書なんて見たこともなかった。しかし、経営者となるとそんなことはいっておれない。嫌いだ、知らない、では済まされないのである。

そこで、この不得意分野をどうにかして克服しなければと思ったのだが、私は『バランスシートの読み方』なんて本で勉強しようとは思わなかった。どうしたかというと、わからないところはすべて顧問の税理士に直接聞いたのである。

最初は財務のことがよくわからないものだから、税理士のアドバイスに素直に従ってやっていた。ところが、何回か税理士がいった以上に税金を取られたりしたことから、「ちょっと待てよ。この税理士に全幅の信頼を置いて大丈夫なんだろうか」と考えて、自分で勉強しようという気になったのだが、本を買ってきて貸借対照表や損益計算書を勉強しようとすると大変である。そんなムダなこと、とはいわないが、経営者にはやらなければならないことが他にもいっぱいあるのだ。いかに売上を上げるか、いかに資金繰りをうまくやっていくか……そういうことで頭が一杯で、とても経理の勉強を専門的にやっている暇はない。

そこで私は税理士から聞くことにした。

「すみませんが、一日、勉強会を開いてください。立派な先生から少しでも勉強させていただきたいと思いまして……」

だいたい、税理士や会計士、弁護士という専門知識の人は、自分の知識を求められて語ることには幸せを感じるから、こういって嫌な顔をする人はまずいない。

「あのう、ここに書いてある○×費というのは何ですか」

「ああ、これですか。これはこういう意味で、専門の本を読めば詳しく書いてありますよ」

「いえ、本を読んでいる時間はありませんから、ポイントだけ教えてください」

「これはこういう意味で、こういうふうに見ます」

「たとえばこういう場合は、どう見ますか」

「これはこういうふうに見ます」

「あっ、なるほど。それから今月の月次決算ですけど、どう考えたらいいんでしょうか。コンサルティングをしてください」

「ここのこういう費用はムダな費用だから、なるべく削除するようになさったほうがいいですよ」

「わかりました。どう削除したらいいんですか」

「それは私にはわかりません」

「あなたが顧問をなさっている会社、いくつかあるでしょう」

「ええ、ありますが……」

「その会社ではこういう場合、どういうふうにしていますか」

「私の知っているところでは、こういうふうにしています」

「あっ、それはいい考えですね」

こういうふうに税理士、会計士から一つずつ聞いていくと、いっぱい知識が吸収できる。何もその道の専門家になるわけではないのだから、財務を体系的に学ぶ必要はない。今現在遭遇している問題点をどうやって乗り越えていったらいいのか、その知識があればそれでいいのだ。

だから、専門書なんか読む必要はない。いろいろなことを体系的に知っていても、そんな知識はあまり役に立たないのが現実。それよりも、貸借対照表と損益計算書をどう見るか、どう解釈するか、それだけでもいいからしっかり理解しておくことだ。それさえわかれば経営者としてひとまず問題ない。

だから、税理士でも会計士でも弁護士でも、ポイントだけ聞くようにしたらいいのである。経営者は売上を上げ、資金をやりくりしていかなければならない。その指針を貸借対照表と損益計算書から読み取らなければならない。その時、これはどういう意味でどう考えたらいいのかと、一つひとつ項目別に聞いていったらいいのだ。

「××手当って何ですか、これは」

「ああ、これはこういう意味です」

「何だ、そんなことなのですか」

聞いてみればそれほど難しくない。言葉はやたらと難しいが、意味を尋ねればたいてい、「何だ、そんなことなのか」と思うようなことばかりである。

だから、仕訳や表づくりの経理の女の子がいればいいわけで、経営者は貸借対照表と損益計算書が読めれば、それで十分。それぐらいは一日あれば十分できる。それを、専門書なんか買ってきて真面目に勉強しようなんて考えるから結局、中途半端で終わってしまう。なまじ専門書なんかに取り組めば、かえってわけがわからなくなるのが落ちである。理解できたとしても一カ月も二カ月もかかるのが普通だ。それではあまりにも時間がもったいない。だから税理士、会計士をフルに活用したらいいのだ。

現に、財務などチンプンカンプンだった私でさえマスターできたのだから、数字が苦手だという女性の人でもマスターできるはず。貸借対照表だ、損益計算書だといっても何ら恐れることはない。わからないところがあったらその都度、税理士、会計士に一つひとつ聞けばいいのである。

不得意分野を克服するなんて、いたって簡単である。わからないことがあったら、その道の専門家、もしくは知識をいっぱい持っている人に素直に尋ねる。ただ、それだけのことである。決して、体系的な知識を身につけようなんて考えてはいけない。そんなのは経営者のすることではない。専門家のすることである。

経営者にとって必要なのは、財務管理、資金調達、労務管理などの技術である。あく

財務は、今遭遇している問題点から学べばよい

までも技術であって専門的な知識ではないのだ。経営の技術を磨くために最低限の知識だけは身につける。それで十分である。

心せよ！「税理士、会計士まかせ」はこんなに危険！

税理士、会計士に聞いて財務技術を私が効率的に学んだ、というのは事実だ。私はそれによって、ずい分時間を得したのである。しかしそれは税理士、会計士になんでも任せて、頼りっきりになっていることとは全然違う。

私には〝税理士、会計士は最初から当てにしない。弁護士はもっと当てにしない〟という持論がある。そう考えないと、何でもかんでも税理士、会計士、弁護士のいうことを聞くようになってしまうのだ。

弁護士のいうとおりに裁判をして負けた場合、弁護士が責任を取ってくれるか。そんなことは決してない。「残念でしたねえ」で終わりである。税理士のいうとおりにやって、こちらが考えていた以上に税金を取られた場合、責任を取ってくれる税理士がいるか。いるわけがない。

「税理士さん、あなたのいったとおりにやったら、こんなに税金を取られましたよ」

「いやあ、私の力不足でした。申しわけない」

で終わりである。

本当に申しわけないと思うなら、余計に持っていかれた分だけ税理士費用を返したらよさそうなものだが、そんな話、いまだかつて一度も聞いたことがない。おそらく、日本中どこを探してもそんな税理士は一人もいないだろう。ましてや会社が倒産した場合など、責任を取ってくれる税理士、会計士、弁護士なんているわけがない。

会社の責任はあくまでも経営者、会社の舵取りをする人間にある。だから、顧問税理士、顧問会計士、顧問弁護士を当てにしてはならないというわけだ。助言やアドバイスをヒントにすることはあっても、あくまでもヒントにするだけで当てにしてはならない。こう、私は考えている。

当てにしないでどうするか。それはもう自分でやるほかない。経営者自身が資金繰りだとか税金についてとか、財務の中身に責任を持ってやっていくほかない。

そのためには当然、知識が必要だ。その知識は顧問の税理士、会計士から吸収する。吸収して税理士や会計士を追い越すぐらいの知識を身につける。ハッキリいって、それくらいの気構えがなければ経営者として伸びないのである。

経営者と○○士との関係は、監督とコーチの関係みたいなものだ。監督は投手コーチに輩下の投手達の出来を聞くだろうが、自チームの投手陣の全体としてのコンディションを全く知らないで聞いているようではだめに決まっている。またピッチングという技術について全く無知であるようでは、監督は務まらない。かと言って、ごく細部の投球術、選手それぞれが厳密にどの程度の出来か、にまで精通していなければならない、というわけでもない。

大まかに現況を掌握していた上で、経営者（監督）は細部の技術、情報を税理士、弁護士（コーチ）に聞くべきなのだ。

〝飽き〟の克服法、その1——今の仕事が天職と心得よ！

人間誰しも、一つのことをずっとやっていると、いつか必ず飽きてくる。仕事でも趣味でも何でも、一つのことをやっていると必ず飽きる時がやってくる。その〝飽きる〟という壁をいかに乗り越えるか。そこも、まあまあで終わってしまうか一流の域に達するかの分かれ道である。あきらめと並ぶ経営の大敵である。

もちろん、企業が軌道に乗らないうちは、飽きるもヘチマもない。軌道に乗るまでシャカリキになって頑張るだけである。

しかし、ある程度の基盤ができて、企業がどうにか軌道に乗ってくるようになると、誰にも〝飽きる〟という問題が生じてくる。

「こんな仕事をやっていて何になるんだろうか」「ほかにもっと自分に合った仕事があるんじゃないだろうか」「もっと有意義な仕事はないんだろうか」……こんな思いが一陣の風のごとく心の中をサッと吹き抜けた時に、実は放漫経営が始まったりするのだ。それだけにこの〝飽きる〟という心を克服することは経営者にとって非常に重要なテーマといえるのである。

では、どうしたら克服できるのか。これについて、経営コンサルタントの船井幸雄さんがいいことをいっている。曰く、

「今の仕事が天職だと考えよ」

たとえば不動産屋だったら「私には不動産屋が天職なんだ」、美容院を経営していたら「私には美容院が天職なんだ」、医者だったら「医者が天職なんだ」と考える。「大工

が天職なんだ」「学校の先生が天職なんだ」と、自分が今やっている仕事が何であれ、それを天職だと信じ込む。それが秘訣だとおっしゃる。

これには私もまったく大賛成で、天職だと思ったら気合が入る、腰が入る、腑が入る。「よーしやるぞ、私の天職は不動産屋だ、会計士だ、税理士だ、弁護士だ、医者だ、学校の先生だ」とものすごい気合が入る。そして気合が入った分だけ、いくらでも注意が行き渡るし、精進努力が続く。

反対に、「天職なんだろうか、どうなんだろうか」と迷っていると、仕事の能力、集中力、没入力が弱くなる。

だからまず、天職だと考える。

「下手の考え、休むに似たり」と言うではないか。一度始めたことは、まだやったことがないことよりも、あなたに合っているに決まっている。安易に歩む道を変えようと悩むくらいなら、居眠りする方がマシというものだ。

"飽き"の克服法、その2――お客様第一主義に徹せよ！

次に、

「自分の仕事は世のため人のために役立っている」

と考える。現実に役に立っているかどうか、そんなことは考えない。とにかく、役に立っていると思い込むのである。

この場合、世のため人のためというと少しばかり漠然としてしまうので、お客様に役立っている、消費者のために役立っている、と考えるといいだろう。つまり、お客様第一主義に徹するのである。

「お客様は本当に喜んでくれているだろうか」

「お客様は何を求めているんだろうか」

こういう気持ちで絶えずやっていくと、そこに愛と真心が入り、注意が行き渡る。サービスが行き渡る。気配りが行き渡る。そういうお店なり会社なりには、そこはかとない暖かな空気が流れるから、「ああ、いいなあ、このお店は」といってお客が逃げない。

顧客が逃げない。逃げないどころか、何回でも来たくなる。

こうやってライバルに勝っていくわけだ。

ところが、失敗する人はそこまでの気合が入らない。気合が抜けている。その気合が抜けた分だけお客も抜けていくのである。

その愛と真心はお客様に向けるだけではない。会社には従業員もいるだろうし、従業員の家族もいるだろう。それから自分の家族もいるはずだ。それらすべてに愛と真心をむける。「従業員は喜んで仕事をやっているだろうか」「従業員の家族は喜んでいるだろうか」「自分の妻や子供は喜んでいるだろうか」。そこまで徹すれば、従業員は逃げないし、妻が逃げ出すこともない。

とにかくまず、「自分の天職だ」「世のため人のために役に立っているんだ」と思うことが何よりも肝心。それによって、仕事に熱が入り、魂が入り、心が入っていく。経営者がこういう姿勢を貫いているところは、ライバルの多い過当競争の中でも見事に勝ち抜いていけるのである。

自分の仕事は世の為、人の為に役立っていると思え

〝飽き〟の克服法、その3――利益を出すことに罪悪感を持つな！

それから、飽きる心を克服する三番目のポイントは、

「利益に対して罪悪感を持たないこと」

である。

お客様第一主義を貫こうと思えば、薄利多売が一番いいということになるが、利益が出なかったら従業員も抱えられない。給料はおろか、ボーナスも出せないし、社員旅行にだって連れていってやれない。だから、利益を出すことに罪悪感を持ってはいけない。


事業というのは奉仕ではない。世のため人のためと思ってやっているのだが、それはまったくの奉仕をするという意味ではない。経営者は従業員を抱えているのである。従業員の家族を抱えているのである。自分の家族を抱えているのである。それらすべてに責任があるのである。そのためには、利益を出さなければならない。利益を出さなければその責任は果たせず、従業員をはじめ、会社に関係するすべてを路頭に迷わせること

になる。

その利益から税金を引かれたあと、法定準備金にするとか、内部留保にするとか、配当として株主に回すとか、あるいは、ある程度余裕が生まれたら固定資産をつくって財務基盤を磐石なものにするとか、いろいろ方法はある。そこまでやれば、会社も安定する。もちろん従業員も安心して働ける。株主も喜ぶ。

だから会社というものは、一旦始めたかぎり何が何でも利益を上げ続けなければならないのである。あんまり利益ばかりを考えていたらお客様第一主義という大切なポイントが欠落して、結局は経営にマイナスをもたらすことになるが、利益のほうもきちんと確保できるような叡智がなければいけない。「天職だ」「お客様第一主義だ」というだけでは企業はやっていけないのだ。

この利潤を上げるということに罪悪感を感じてしまうと、企業経営はできない。人のよすぎる人には会社経営はできないのである。万が一の場合のため、会社に何かあった場合、社員に何かあった場合に資金を確保しておかなければならないし、銀行信用のためにも資金を確保しておかなければならないのである。

この三つの考え方でビシッとやっていったら、会社というものはグングン発展するし、業績が上がる。

そうやって飽きる心を克服し、五年、一〇年、二〇年と年期を経ていくと、銀行信用も社会信用もついてくる。日本の場合は特に、何年やってきたかが重視されるので、一〇年も二〇年もやっていれば黙っていても銀行が信用してくれる。

飽きっぽい人間は何をやっても成功しない

とにかく、飽きる心を克服するには、「天職」「お客様第一主義」「利益を出すことに罪悪感を感じない」という三つの考えを貫き通すしかない。そうすると腑が入る。腑が入るとフラフラしなくなる。フラフラしなくなると必ず数値に現れる。経営に対する息吹が違うから、当然のごとく数値に現れる。

業績が伸びない、売上が伸びないという人は、そこが甘いのである。

私も、飽きる心とは嫌というほど戦ってきた。来る日も来る日も返品の山を見ては、「こんなことやっていて、何になるんだろう。ほかにいい仕事があるんじゃないか」と思ったりしたものである。しかし、そのたびに「これが天職なんだ！　これをやるしかないんだ！」と思い込んで乗り越えてきた。

それは何も仕事にかぎったことではない。対人関係でも同じである。嫌な人、相性の合わない人、世の中にはお付き合いしたくない人がいっぱいいる。しかし、そこから絶対に逃げない。「この人しかいないんだ！」と思って、嫌いな人でも、嫌な従業員でも、嫌な取引先でも無理に愛す。愛する努力をする。わずかばかりの長所を見い出して、愛する努力をする。

そういう努力を積み重ねていくことによって、己の器を大きくすることができるのである。誰だって、気の合う人とお付き合いしたい。嫌な人とは顔さえ合わせたくない。だが、ただ感情に任せているだけだったら、人間として何の進歩もない。やはり、対人関係でも辛抱が大切なのだ。

飽きっぽい人は何をやってもダメである。会社経営はもちろん、仕事でも対人関係でも、飽きっぽい人は何をやっても決してうまくいかない。

しかし、飽きることをまったく知らない人という人は世の中にはいない。誰だって飽きる。その飽きた時にどういうふうに自分の心をコントロールするか。それは、今いったように「天職」「お客様第一主義」「利益を出すことに罪悪感を感じない」の三つの考え方で乗り越えていくしかない。とにかく、「天職だ！」と思ったらいいのだ。天職ではない、なんていう根拠はどこを探してもないのだから、自分が「天職だ！」と思ったものが天職なのである。

そこまで根性を据えて一つのことをやり遂げたら、次の仕事に移っていく。事業転換してうまくいかない例が多いのは、みんなそこまでやり抜かないからである。ちょっと飽きたからといって次の仕事を始める。そしてまた飽きたからといっては次の仕事に移る。そういう人で成功を収めた例はない。「飽きたから次の業種に」というのでは、どんな仕事をしても決して成功しない。何をやってもみんな中途半端で終わってしまう。

こう考えて間違いない。

「あの社長は飽きっぽい人だ」と、いったん評価されてしまったら、顧客も従業員も絶対に信用してつき合ってくれない。たかってくるのはサラ金か、町金《まちきん》くらいのものだ。心していただきたいが、冗談話ででも「あんたは飽きっぽいから……」とか言われるようだと、「自分は人から余程低く見られているんだ」と深刻に反省した方がいい。その時に手がけている業務がたまたま上り調子だと自分で考えていたとしても、周囲の関係者は内心「どうせ、じきにほうり出すから、つぶれるさ」と思っているのだから。

転業、転職は今の業種をとことんやり抜いてからにせよ！

経営者はいつも「天職だ！」と思って頑張り通さなければならないのだが、それでも時には業種転換を強いられる時もある。そんな場合には、前の仕事でとことんやり抜いた、という実感を得てからにすべきだ。「自分は最大限の努力をした。もうこれ以上の努力は不可能だ」というくらいに徹底してやれば、そこから有形無形のノウハウが体得できるだろう。それに人脈もできるはずだ。そういう財産を蓄えてから次の仕事に移れば成功する率もグッと高くなる。もちろん、周囲の人がそう評価してくれているかにもよる。

また、そこまでやり通せば直感が働くはずである。「あっ、今度はこれをやったら成功するんじゃないか」「次はこれしかない。これをやるべきだ」。こういった直感が天から与えられるのである。

どんな業種に転換したらいいのかということになると、ハッキリいって、これはもう直感しかない。どんなに頭をひねって考えても、絶対に間違いない道なんてあるはずがしかない。この道が絶対正しいなんて保証はどこにもない。だから、最終的には直感に頼るしかない。

ただし一口に直感といっても、すべてが正しいわけではない。経営者の中には直感やひらめきを大切にしている人がことのほか多いが、直感やひらめきがいつも正しいとはかぎらない。時には間違った直感、どこか狂っている直感というものもある。

では、どんな直感が正しくてどんな直感が間違っているのか、その見極めはどうしたらいいのかというと、直感が働いた時の自分の生きざまを真剣に問うてみればよい。「天職だ！」と思って「お客様第一主義」で精進努力していた時の直感か、それとも腑が定まらないであちこちフラフラしていた時の直感か、それを見ればだいたい正邪が判定できる。お客様第一主義で一生懸命、精進努力している時に受けた直感は概ね正しい。人として正しい道を踏まえているから、そういう時の直感はまず間違いがない。

これに対して、たいして努力もせず、仕事にも情熱がないという時に受けた直感は概《おおむ》ね狂っている。そんな直感に惑わされて業種転換なんかしようものなら、大抵ろくなことはない。不渡りは食らうし、社員はどんどん辞めていく。ほとんどがこんなケースばかりのはずだ。

よく、会社のやり方が気にくわない、仕事が面白くないからといって退社していく人がいるが、そういう人間はどこへ行ってもうまくいかない。また、ドロップアウトして独立する場合でも、そういう動機だったらまずうまくいかない。転換するにしても独立するにしても、一生懸命努力し働いていて、パッと何かのひらめきを受けて転職、独立するというのなら成功することもある。

会社の中で立派な業績を残し、みんなから惜しまれつつ独立するのなら、ほとんど成功している。成功する人はどこへ行っても成功するし、失敗する人はどこへ行っても失敗する。会社で優秀な成績を収めた人は独立しても成功するし、会社でダメな人は独立しても失敗する。だいたいそういうものである。

ダメなメンタリティーとダメな生きざま。そんな時に受けた直感にろくなものがあるはずがない。踏み込みが悪い時に受けた直感は魔の誘いであることが多いのだ。それでもまれに成功する人がいるが、そういう人はよほど先祖の引き立てと徳が高い人である。そんなのを見て、「よし、自分も!」なんて思ってやると、えらい目に遇うのが関の山。絶対に真似なんかしないほうがいい。また、よしんば成功したとしても五年、一〇年のスパンで見たら、そのうちに徳分のエネルギーが少なくなってきて、やがて落ち

今の仕事を中途半端にしない。それが次の成功へのステップとなる！

込むこと必定である。

転職、業種転換をする時には、そういうところをしっかりと見ておくべきだ。どんなに「天職だ!」と思って頑張っていても、時代の趨勢と天の導きによっては、業績転換を余儀なくされることもある。そういう時にはまず直感を大切にする。ただし、必死の努力を傾注している時に受けた直感しか信じない。こういう姿勢が大切であることを心得ておくべきだろう。

事業の成功・失敗は「マーケットのせい」ではない!

業種転換の話が出たついでに、マーケットというものに対してどう考えたらいいのか、またどう考えるべきなのか、私なりに考えていることがある。

世の中にはよく、「たまたま業種がよかったからあの人は成功したんだ」とか「マーケットが成熟しきっていたから、うまくいかなかったんだ」とか、成功や失敗の理由をマーケットのせいにする人がいるが、それは間違いだ。

結論から先にいえば、どんな業種でもたいして変わりはないのだが、品質がよくてサービスがよくて価格が安ければ、どんなマーケットでも勝ち抜けるのである。たとえば何年か前、コンピュータ業界が活況を呈したことがあった。「これからコンピュータの時代だ」と、それこそ猫も杓子も口を開けば「コンピュータ、コンピュータ」と大合唱する時代があった。ところが、コンピュータでみんな成功したかというと、決してそうではなかった。

有名なところではソードという会社があった。やれベンチャービジネスの旗手だ、やれ時代の寵児だと盛んにもてはやされたが、私はそれを見て、「ははーん、これはすぐにダメになるな」と直感した。なぜなら、過当競争に巻き込まれて、大手資本の渦の中で翻弄されてしまうだろう、と読んだからだ。

当時、コンピュータ産業は何兆円産業、何十兆円産業といわれていた。すると当然、「これからはコンピュータの時代だ」と一挙に船が出ていく。新しい魅力的なマーケットだからいろいろな会社が進出する。つまり、新規参入が始まるわけだ。

新規参入が始まったら次に何が起きるかというと、過当競争が起こる。過当競争になると、次に競争力のないところが脱落し始める。つまり、品質、サービス、値段の三つがいいところが生き残って、そうでないところは淘汰される。その企業努力をしないところが淘汰されて潰れていくわけだ。

あれだけ評判の高かったソードも潰れてしまった。東芝、富士通を初め、資金力と技術力のある大手がドッと参入したからである。松下あたりはコンピュータから一度撤退したが、またもや入ってきている。

そういう大手の圧力に押し潰される形で、ソードという会社は倒産してしまったわけである。

どんなに「これから成長が見込まれる業種だ」とか「これからの産業だ」といわれていても、いっときに過ぎず、しばらくしてマーケットが成熟してきたら過当競争に巻き込まれるのだ。そして大手でも新興でも品質、サービス、価格の面で企業努力をしたところが勝ち残って、そうでないところは淘汰されて潰れていくわけである。

もう何十年も前の話になるが、いっときは繊維業界がいい、これからは繊維だなんていっていたものの、繊維不況に陥ったら誰もが「繊維はもうダメだ」と落ち込んでしまった。その中であのワールドという会社は見事に生き残った。繊維業界が未曾有の大不況に陥っていた時に、ワールドは利益五〇億をずっと維持していたのだ。

だから、マーケットのいい悪いは一切関係ないのである。すべてはいい品質、いいサービス、安い価格、それを実現するための企業努力をいかに積み重ねていくか。そこに勝負がかかっているのである。

小さいマーケットで超低利益で生き残る文具業界の秘密

現在の不況業界といえば、その典型は文具業界である。最近ではファンシー業界に押され気味で、今やどこのデパートの文具売り場も縮小傾向にある。サンリオなんかのようなファンシーショップ売場はどんどん大きくなっているが、文具はどんどん縮小されている。

それでも、文具の問屋さんは生き残っている。ここにも経営の大事な秘密がある。

文具の問屋さんというと、昔は利益一パーセントといわれていた。それも税抜き前の利益である。税引き前の利益がたったの一パーセント。で、今はどうかというと〇・一パーセント。それでも倒産しないのである。

それだけ成熟しきったマーケットでも倒産しないのはなぜか。一言でいえば、経営技術が熟達しているからである。在庫を少なくして早めに返品する。それでも売れ残った場合にはどうするかという技術、これが発達している。在庫管理だけではない。営業管理も財務管理も極力ムダのないように徹底的に合理化されている。だから、利益率が縮小したとしても、やはり残っていくところはちゃんと残っていて、立派に業績を上げているわけである。

文具業界が不況だということは、要するに文具のマーケットが成熟しきっているということである。その成熟しきった業界の中でも経営の上手な老舗は立派にやっていっている。立派に成功しているのだ。

「これからはこの業種だ!」と、最初に参入した企業はいい思いをする。マーケットが潤っているわけだから、いっときはたしかにいい。しかし、最初に調子よくいったところは、在庫管理だとか販売管理とか労務管理、それから資金調達、経費削減といったものの技術がどうしても甘くなる。その甘くなったツケがマーケットが成熟した時に返ってくるのである。

つまり、マーケットが成熟した時にどうしたらいいのか、その経営技術が磨かれていないので、大手資本が参入してきたらいっぺんに倒産してしまうのだ。

経営診断のポイント――従業員60人規模で倒産が忍び寄る理由

これは、日興リサーチの常務さんがいっていたことだが、倒産するケースを分析すると、だいたい従業員が六〇人前後の規模の会社が多いらしい。ゼロからスタートして順調に成長し、従業員が六〇人ぐらいの規模になった時、この時が一番危ないということである。

なぜかというと、管理が隅々まで行き届かないからである。小さいなら小さいなりに一生懸命やるからサービスが行き届くし、取引先にしっかり食い込んでいける。しかし、大きくなると隅々までサービスが行き届かなくなる。

そうなると、取引先は掌を返したように相手にしなくなる。

「お宅、最近サービスが悪いからね。もっと小さいところでも細やかなサービスをしてくれるところがあるから、そちらにお願いすることにしたよ」

ということになるわけだ。あるいはまた、

「お宅はサービスにしても値段にしても技術にしても、みんな中途半端だからね。大きいところは細やかなサービスは期待できなくても、値段、技術ではすぐれているから、そっちにお願いすることにしたよ」

ということにもなりかねない。つまり、仕事を依頼する側としては、隅々まで行き届いたサービスをしてくれる小さいところか、価格や技術ですぐれたダントツに大きいところがいいわけで、どちらも中途半端なところでは困るのである。だから、順調に成長していっても、六〇人ぐらいの規模になったら隅々まで管理が行き届かなくなるから、ライバルに追い越されて潰れていくわけだ。

その壁を乗り越えていくにはどうしたらいいのかといえば、社長と同じぐらいの管理能力を持った参謀を据えるしかない。そうすれば、六〇人の壁を越えて一〇〇人、二〇〇人と伸びていくことができるはず。

企業というものは、小さいなら小さいなりに収益が上がり続けていれば、それでいい。確実に収益が上がり続けていくやり方を考えればいいわけである。大にもなりきれず、小にもなりきれないで真ん中でうろうろしているのが一番危ないのである。

中小企業ほど社長の才覚がすべて

では、小さい会社の経営のポイントは何かというと、社長の商売の感覚、これにすべてがかかっていると考えて間違いない。従業員が三〇人から四〇人、これぐらいの規模の会社の成功、失敗はすべて社長の商売の感覚、これしかない。資金力でもなければ従業員の力でもない。運でもなければ不運でもない。すべては社長の商売の感覚、これである。

一章で紹介した吉兆の湯木さんの努力。飲食店なら飲食店、美容院なら美容院、不動産屋なら不動産屋、どんな業種であれ、その中で絶対に成功させていくんだ、という商売の感覚と根性。これがすべてといっても決して過言ではない。すべてとはいかなくても、九〇パーセントまでは社長のセンスと根性と実力による。中小企業の成功と失敗は、それ以外に何の理由もない。

従業員の数が一〇〇人、二〇〇人の規模になってきたら資金運用能力だとか、資金調達力だとか労働組合の問題だとか、いろいろな要素が出てくるだろう。しかし、従業員が三〇人前後の会社がそんな偉そうなことをいうことはない。社長の商売の感覚が鈍くて努力していないところは伸びないし、潰れる。反対に、社長の商売の感覚が鋭くて人の何倍もの努力をしているところは必ず成功している。九〇パーセントまでは社長一人の商売の感覚と根性、執念なのである。

優秀な従業員がいないなんていうのは一切理由にならない。

優秀な人材に恵まれないのが中小企業の宿命

従業員について少し触れておくと、中小企業では優秀な人材がいないのが当たり前である。

「私どものところは人材に恵まれておりまして、優秀な人材がいっぱいおります」

なんて台詞を吐く中小企業の経営者、私は見たことも聞いたこともない。一〇〇人の中小企業の経営者、一〇〇人の中小企業の経営者に聞いてみたら、一〇〇人が一〇〇人、一〇〇人が一〇〇人、口を揃えてこういうはずだ。

「いやあ、なかなか優秀な人材がいなくて困っているんですよねえ。たまに来たかとお

中小企業の命運は、社長の才覚が90%だ!

もうとすぐにやめちゃって……」

当たり前である。優秀な人はそれなりに優秀な学校をスイスイ出ているし、両親も立派でそれなりにコネがあることも多いから、一部上場企業や名前の通った会社に就職している。

中小企業で優秀な人材が来るケースは、親戚縁者か学校の友達同士、先輩後輩の関係、さもなくば一緒にやろうやといって会社を設立した仲間か、とにかく個人的な引きで来る場合がほとんど。募集で優秀な人が来ることがあるとすれば、出世コースに乗り遅れたといった理由で大企業をドロップアウトして中小企業へ、というケースがほとんどだから、どこかおかしい人しか来ないわけだ。

これが、二〇人、三〇人の小企業、中企業の現実であって、優秀な人はみんな名前の通った企業へ行くのである。

私も、小さいながら堅実に会社の舵取りをずっとやってきて、「そろそろ優秀な人材が入ってこないものだろうか」なんて思ったりしたが、周りの中小企業の社長さんの話を聞いていたら、みんな同じような悩みを打ち明ける。一〇〇人が一〇〇人、全部同じ悩みを抱えている。

だから、中小企業を営んでいるかぎりは、人材については覚悟を決めるしかない。優秀な人材なんてまず来るはずがないんだ、自分でやるしかないんだ、九〇パーセントは自分の才覚にかかっているんだ、と。そう覚悟を決めれば、事業に取り組む姿勢もグッと違ったものになるはずだ。

もし仮に、優秀な従業員がいても、そういう人はすぐに独立していく。自分自身もそうやって独立したわけだ。中小企業の経営者自身、どこかの会社で仕事を覚え、いつまでも使われているのは面白くないとドロップアウトした人が多いはず。そういう優秀な人、自分に匹敵するような優秀な人は、しばらく働いて仕事を覚えたら、かつての自分のように独立して会社を興したいと考える。才能と能力のある人は、自分でやってみたいと思う。

それでも、一人だけで辞めていくならいいが、他の従業員を連れて独立するなんてこともある。また、寝首をかかれることもある。いずれにしても、優秀な人は長く居つかない。定着しない。

そのように、優秀な人にはそれなりに問題も多いのだ。

だから、中小企業の経営者は口が裂けても「優秀な人材がいなくて」ということはいわないこと。それは中小企業にとって当たり前のことなのだから。中小企業の宿命なのだから。

　ということで、優秀な人材をあきらめたらどうするかというと、優秀でない従業員を喜んで置くのである。仕事が遅い、理解力がない、一度覚えてもすぐに忘れてしまう、ろくに人と話もできない、そういう人は行き場がない。喜んで迎えてくれる企業がない。だから、温かく迎えられると、まるで天国にでも来たような気持ちになる。「ああ、こんな気持ちのいいところはないな。どのみち、よそに行ってもダメだしな」。だから、優秀な従業員のようにすぐにやめたりしない。

「なんて仕事が遅いやつなんだ。物覚えの悪いやつなんだ」と思っても、「最高の人材だ！」と無理にでも考えて能力のない従業員を置いていると、絶対に会社から離れない。だから、人手不足にはならずにすむ。

　そして、そういう能力のない従業員でも、三年、五年、七年、一〇年と習練を重ねていけば、できないながらも仕事を覚えていくものだ。それくらいの辛抱がなければ、とても中小企業の経営者なんて勤まらないのである。

●第三章●

時代の先を読む予知力の研究

信仰を持たない一流の経営者はいない!

これまで、企業努力の方向性とそのやり方とか、飽きる心の克服の仕方とか、会社を発展させる方法についていくつか述べてきた。だが考えてみれば、ここまでは当たり前のことである。一章で語った同業他社の徹底研究など、改めていわれるまでもなく実践している経営者もいるに違いない。少なくとも成功を収めている経営者なら、それくらいの努力はしているはずだ。

では、そのレベルを越えて会社を発展させていく上で一番重要なこと、経営者が一番知りたいことは何なのかというと、それは「運」。この一言に尽きる。

もちろん、最初から運まかせというようでは経営者として失格だ。一章でも書いたように、運不運を論じるのはあくまでも最大限の精進努力をした上での話。経営者としての努力をロクにしないで運だ不運だというのは論外である。

その努力をした上で、社運をいかに向上させるか。いかに運をつかんで会社を発展させるか。経営者が本当に知らなければならないのは、そこなのである。

だからこそ、一流の経営者になればなるほど、みな一様に人間を超越した世界、つまり目に見えない神仏の世界に心を開くようになるのだ。

ここらあたりから、神霊家・深見東州としての独自な経営論、世界に二つとない経営論に入っていく。

人間は決して万能ではない。どんなに優秀な人でも自ずから限界というものがある。それに気づいて、人間を超えた存在、つまり神や仏の世界に心を寄せる。平たくいえば信仰心、これを、トップクラスの経営者は持つようになるのである。

それは当然であろう。経営者は何百何千、いや何万何十万という従業員およびその家族に対する責任を一身に負っているのだ。その重責を真に感じ、人の能力の限界を謙虚に見つめたならば、神仏に帰依しないほうがおかしい。そう断言しても決してオーバーではないだろう。

それが証拠に、一流の経営者はみんな何かしらの信仰を持っている。

たとえば堤康次郎氏。西武鉄道の創設者であり、戦後は衆議院議長まで務めた彼が熱心な箱根神社の信者だったことは有名である。当時、東急グループの創設者の五島慶太さんとともに時代の寵児ともてはやされ、〝強盗慶太にピストル康次郎〟と世間から揶《や》揄《ゆ》されるほどの辣腕ぶりを発揮したが、その一方で、箱根神社の神様に対する深い信仰心を持っていたのである。

それから、キャノンが観音をもじった社名であることはあまりにも有名だ。キャノンの御手洗さん、今は息子さんが跡を継いでいるが、彼もやはり熱心な仏教徒で、現在、盲人福祉関係で大きな貢献をされている。

さらには松下幸之助さんは弁天宗、京セラの稲盛さんは生長の家といった具合だ。また、ワコールの塚本さんも倉田地久《ちきゆう》という人に師事していた。この人はもうお亡くなりになったが、大本教系の霊能者である。

キリがないのでこのへんで終わりにしておくが、一流の経営者になればなるほど、みな何らかの信仰心を持っている。信仰を持っていない経営者なんていないんじゃないかと思うほどである。

音楽家でも信仰を持っている人が多い。たとえば、私のラジオ番組で対談した宇崎竜童さん。奥さんの阿木燿子さんのお母さんが教祖さんだから、彼自身、宗教には入ってないけれど、対談していても審神《さにわ》だとか邪霊なんて言葉が自然に出てくる。

大きな責任を背負った人はみな孤独である。

一流の経営者は皆、信仰を持っている

何か大きな決定をする時、これでいいんだろうかと悩んで悩んで夜も眠れなくなる。右に進むべきか左に進むべきか、その判断を一つ間違えただけで何千、何万という従業員が路頭に迷うことにもなりかねない。

それくらいの重圧をいつも感じているのだ。だから、自然と神仏に心が向くようになるのである。

特定の宗教団体に入らなくても、普遍的な信仰心を持っていない経営者はまずいない。まあ、ゲンをかつぐぐらいの気持ちの人もいるだろうが、無神論者で事業に成功し続けている人っているんだろうかと私は思う。やはり、それだけ成功している経営者は、企業の舵取りをしていく中で、運不運、出会い、縁という体験を通して、人間の努力以上に大きな何かを感じているに違いない。

予知力があれば戦いに勝てる

「あの会社は本当に運がいいよ。出す商品、出す商品がどういうわけかみんなヒットするんだから」

「あの会社はツキがあるね。健康食品に進出したとたんに健康ブームが訪れるんだから。ホント、ツキほど恐ろしいものはないね」

「あの会社は何をやっても、すべてうまくいかない。かわいそうなくらいにツキから見放されているね」

世の中には、運のいい会社というのはたしかにある。反対に、運の悪い会社というのもある。その運のよし悪しの原因は一体どこにあるのだろうか。

一般に運というと、わけのわからない摩訶不思議なもの、というとらえ方をされているが、実はそうではない。運のよし悪しにもちゃんとした法則性があるのだ。運のいい会社はよくなるべくして運がよくなっているし、運の悪い会社は悪くなるべくして悪くなっているのである。理由もなく運がよくなったり悪くなったりするのではない。

では、運のいい会社、運の悪い会社があるのはなぜかというと、その要因はいくつかあるが、その中でも特に重要なのが予知力である。経営者が未来を的確に予知できるかできないか、その能力の違いが運のよし悪しになって現れるのである。経営者が予知力や直感、もっとハッキリいえば霊能力を持っているか、いないか。これが運のよし悪しの大きな要因となっているのである。

「どういうわけか、あそこはブームに乗るのがうまい」

という会社があれば、それは、経営者が未来を読む能力を持っているからであるし、

「どういうわけか、あそこはやることなすこと、すべて流行からずれている」

という会社があれば、それは、経営者が未来を読む能力を持っていないからである。もちろんそんなことを、経営者自身は自覚していないかもしれない。しかし、ブームを先取りできる経営者は、頭ではないどこかでブームの兆しを読んでいるのである。だから、いつもブームに乗ることができるわけだ。


あるいは、決算書を見てどこがどう足りないのか、なぜ数値が伸びないのか。取引先にしても、あそこはちょっと危ないんじゃないか、不渡りを食らうんじゃないか、売掛金を回収できないんじゃないか。従業員の問題にしても、あいつはちょっとおかしいんじゃないか。銀行はお金を貸してくれないんじゃないか。これからはこういう物がヒットするんじゃないかと、未来のことを事前にぴーんとキャッチするから、経営が盤石なものとなっていくのである。

この予知力、直感力。これが経営者にとって最も大事なものであって、事前に何かをピーンと感じることによって、未来の災いから免れたり、人事の問題点やトラブルを見

抜いたり、販売先とのトラブルから逃れたりすることができるわけである。

だから、この予知力、直感力があるかないかで、最終的に経営者の資質が定まるといっても決して過言ではない。

未来のことは、どんなにマネジメントの本や日経新聞を読んで勉強しても、あるいはコンサルタントや税理士、会計士から聞いてもわからない。業界の動向であるとか、日本経済の現状といったものはそれなりにわかるだろうが、自分の会社の指針といったものになると、やはり最終的には経営者自身の直感力に頼るしかない。こんなことは、経営に携わっている人なら誰でも先刻承知のことで、改めてくどくどと説明するまでもあるまい。

かの項羽も「先んずれば人を制す」といっているが、予知力、直感力を磨いて機先を制することができれば、ライバルとの競争にも勝ち抜くことができる。それほど、経営者にとって予知力、直感力は必要なものなのである。

ということで、どうしたら予知力や直感力を磨き、経営に生かすことができるのか。その方法について、深いところから説き起こしていこう。

「幾を知るは其れ神乎」

『易経』の中に、
「幾（機）を知るは其《そ》れ神乎《か》」
という言葉がある。まずはこの言葉の説明から入っていこう。

地上に春がやってくるのはだいたい三月か四月ごろ。南と北とでは多少異なるが、三月か四月になればどこでも春がやってくる。しかし、目に見えない世界では前年の一二月二二日の冬至の時にはすでに春が始まっているのである。

冬至というのは、易で言えば乾《けん》も坤《こん》もすべてが陰。すなわち陰の極まりの時なのだが、その陰の極まりの中にパッと一つ、陽が出てくる。一つの陽がパッと帰ってくるというので、これを一陽来復という。無形の世界では一陽来復でもう春が始まっているのだが、まだ形には現れない。これが冬至の意味である。

この逆が六月二二、二三日の夏至。夏至は陽の極まりで、季節的にはこれからいよいよ夏の盛りを迎えるという時期だが、夏至の時にはすでに秋が始まってる。しかし、形にはまだ現れていない。これが夏至の意味である。

このことについては、拙著『大天運』で詳しく書いているので参照していただきたいが、とにかく冬至の時にはすでに春が始まっている。一二月、一月は季節感覚では冬の真っ最中ではあるものの、目に見えない世界、無形の世界ではすでに春が訪れているのである。

この陰の極まりの中にパッと一つ、陽が戻ってくる一陽来復。この春の機、春の兆しが出てくるとやがて地上に春がやってくる。

「幾を知るは其れ神乎」の幾とは機であり、兆しのことである。そして、その機を知ること、つまり、兆しをパッとつかむのは、神なる素晴らしいものなんだ、と『易経』ではいっているのだ。

機を知ることができれば、悪い兆しがあった場合、それをパッとキャッチして素晴らしい方向に改善できる。いい兆しがあれば、パッとキャッチして運をつかむ。これを事業にあてはめると、商機。商いの兆しである。商機をいち早くつかめば、ライバルに勝ち抜くことができるわけだ。

禅宗でいうと、禅機がこれだ。その人が持っている内面性、その人の中に眠っている潜在意識が今まさに内側から割って出ようとする兆しを見て、お師匠さんがズバッと一言いう。その一言で「あっ、そうか！」と大悟する。これが禅機である。

それらの兆しを頭ではないところ、観念ではないところでパッと知るのが神なる働きなんですよ、と『易経』はいっているのである。

ところが、その機、つまり兆しがあってもキャッチできないものだから、災いが起きるまで気がつかない。それで、会社が倒産した、不渡りを食らったということになるわけだ。会社が危なくなる前には何らかの兆しがある。取引先に問題があれば何らかの兆しがある。その兆しをキャッチできれば、事前に対策を講じることができるのだが、兆しをキャッチできないために、最悪のケースを招くことになってしまう。

兆しを読めるようになるには

その兆しをパッと正確につかむ方法は何かというと、無私無欲に徹することである。ああじゃないかこうじゃないかという妄想、あるいは自分の都合のいいほうに都合のいいほうに考えようとする我欲。こういう執着心とか焦り、我欲があると、兆しを見てもわからない。

明鏡止水——心が鏡のように澄みきった状態なら、パッと兆しをキャッチできるのである。状況判断が的確な人というのは、だいたいそういう人である。

だから、「幾を知るは其れ神乎」というようになるには、自分を無にするしかないわけだ。しかし、無になるといっても、ただボケッとしていればいいという意味ではない。やはり従業員の幸せ、取引先の幸せを願う心、その一点で澄みきった心。それが無私である。

無私というのはまた、こういうふうにもいえる。無私とは「私」が無いこと。「私」というものを無くすことである。が、「私」を無くすとは瞑想に耽ったりすることではない。瞑想に耽ってもそれなりに無私の境地に達することができるかもしれないが、会社と従業員を抱えている経営者にそんなことをやっている時間的余裕はない。

では、どうすごしたら日常生活の中で無私の境地に達することができるかというと、何かに没入することである。仕事に没入する、勉強に没入する、趣味に没入する。その没入している時には、ただ、そのことだけに全神経を集中していて、私というものがない。そういう時もまた無私の状態といえる。

だから、無私の境地に達しようと思えば、仕事に没入すればいいわけである。仕事に没する、経営に没入する。その瞬間、瞬間は「私」がないから、兆しを正確にキャッチできる。ところがそうではなく、仕事に没入せずに、やれ女だ、やれ博打だ、やれ財テクだ、なんてやっているから、重要な兆しがあっても見逃してしまうのである。

また、無私とは、禅宗でいえば禅定《ぜんじょう》ということになる。禅定とは何か。「外相にとらわれず、内定まりたる様」、これが禅定である。周囲がどうであろうと、外の相にはまったくとらわれない。外がどうであろうと微動だにしない。人の言葉だとか姿だとか景色だとか、そういうものにまったくとらわれないで、いつも中身がビシッと定まっている状態。それが禅定の定義である。

その禅定に到るために剣道をやる。柔道を通して禅定に到る。書道を通して禅定に到る。経営を通して禅定に到る。何を通してでも構わないが、この禅定がなければ「幾を知るは其れ神乎」というレベルには到達しない。おのれが揺らいでいたら、兆しをキャッチできない。

そういう兆しを見て正しく判断できる時というのはどういう時かというと、禅定の状態の時であり、心が澄みきって無私無欲の時。焦りもなく気負いもなく、怠りもなく、仕事に没入している状態。そういう時に下した判断、決定はいつも正しい。反対に、焦ったり気負ったり、あるいは欲望に満ちている時にはどうしても狂いやすい。事業でも株でも何でも、おのれが揺れ動いている時には判断が狂いやすい。

経営者にあてはめれば、従業員の幸せ、取引先の幸せ。この一点で心が澄みきって、仕事に集中している時の判断、決定は正しい場合が多い。

ところが、それがなかなかできないわけだ。だからこそ、それができるのは神なる働きだ、というのである。

そこまでのレベルに到達するだけでも、相当のものと評価できるだろう。

だが、それが最高というわけではない。まあ、そういう状態であれば正確に機を判断しているといえるが、実はもう一つの上のレベルがある。そのレベルとは、未来に起こる悪い兆しをもパッと先取りして対応する、未来の明るい兆しをもパッと先取りして一〇倍、一〇〇倍の吉に変えるというようなレベルである。これが、もっと積極的な「機を知る」ということであり、最高レベルの予知力なのである。

それから比べたら、禅定の状態にあって正しく判断、決定するというのはまだまだこの世のレベル。世間一般のレベルから見たらまあまあ立派だな、という程度である。そ

相手もよく、こちらもよく、という愛念一点に澄み切れば、
神からのヒラメキがはじまる

のレベルでも、たしかに兆しをキャッチできるだろう。

しかし、兆しが出てくる前にあらかじめ兆しが読めること。別の言葉でいえば「機先を制す」。機の先をキャッチする。これが最高のレベルの予知力なのだ。

このレベルに達すれば、事業でも人間関係でももはや失敗はない。そのレベルに立つには機先を制す。これしかないのである。

「機先を制す」

その「機先を制す」ということを具体的に説明すると、こういうことになる。

たとえば、仕事中に急にお茶を飲みたくなったとする。そして、部下の女性に、「あのう、ちょっとお茶を飲みたいんだけれど……」

と頼んだら、すぐさま、

「はい、只今準備しております。少々お待ちください」

という返事。

「へえ、気が利くねえ」

この場合の気とは本来、機と書くのが正しいのではないかと私は考えているが、それはともかく、こちらが「お茶を飲みたい」と思ったその時に、その部下の女性はこちらの機をキャッチしたわけだ。これが「機を知る」ということである。

しかし、これではまだ「機先を制す」というレベルではない。「機先を制す」とは何かというと、こちらが「お茶を飲みたい」と思った時には、すでに目の前にお茶が出ている。これが「機先を制す」ということなのである。

「あのう、お茶を……」

といったら、その時にはもう、

「はい、どうぞ」

と、すでにお盆にお茶を載せて目の前に立っている。

「おっ、ものすごく気が利くね。霊能者さんみたいだね」

こういうのが本当の意味での気が利くということであり、機の先をキャッチするということであり、「機先を制す」ということなのである。

では、いつ、「お茶が飲みたい」というこちらの機をキャッチしたのか。お茶を出すには準備時間が必要だから、「お茶が飲みたいな」と思った瞬間に目の前に持ってきたということは当然、その前に何かをキャッチしているわけである。何だかわからないけれど、「お茶を入れようかな」と思ってお茶を入れて上司のところに持っていったら、「あのう、お茶を……」といわれた。それで、「はい、どうぞ」と。

これ、すなわち、機の先をキャッチしているからにほかならない。「お茶が飲みたい」という機の先をキャッチしているから、事前に準備し、「あのう、お茶を……」と言葉になって現れた時にはすでにお茶を持ってきている、というわけである。

事業でも戦《いくさ》でも、あるいは男女関係でも夫婦関係でも、機先を制することは非常に重要である。形に現れた時ではもう遅い。形に出た時に対応したのではライバルに勝てない。対応するための準備期間が必要なのだから、ライバルに勝とうと思ったら、機の先をキャッチして、形に出た時にはすでに準備が終わっている。それくらいの機のキャッチ力がなければならない。

流行産業の場合、こういうのが流行っているな、ブームだなと、いち早くキャッチして商品開発を始めたのではダメだ。準備期間が必要だから、売るべきものがそろった時には一歩遅れをとる。流行の先端を行こうと思ったら、流行の先の先をとらえて準備をする。そして商品が完成し、流通しようという正にその時に大変なブームになっていた、というのが機先を制したということだ。

流行業界であれサービス業界であれ、どんな業界であれ、流行の先端を行くには機の先をキャッチするしかない。これがビジネスの理想である。

これができれば、絶対に失敗はない。『孫子』の言葉をもじっていえば、「彼を知りおのれを知り、機先を知らば、百戦、危うからず」である。

「機先を制す」極意とは

では、どうしたら「機先を制す」ことができるのかといえば、とにかく神様に祈りと願いを投げかけるしかない。神様が聞いてくださるように熱意熱誠をもって、うわーっと祈りを投げる。投げたら、答えが兆しとなって返ってくる。兆しがなければ、いくら禅定だといってもキャッチしようがない。投げて投げて投げ抜いたら、投げた分だけ返ってくるのである。

そして、この祈りの中身となるものを禅宗では疑団とか大疑団という。

「神様。なぜ私はこんな顔で生まれてきたんでしょうか。もっと美しく生まれてきたかったのに、どうしてこんな顔なんですか」

「神様、なぜ私はこんなに美しくて、いつもいつもプロポーズばかりされるのでしょうか。異性からモテない人生って、どんな人生なんでしょうか」

というのは冗談として、会社の経営者なら、

「うちの営業方針は正しいんでしょうか。間違っていたら教えてください」

「なぜ、うちの従業員は揃いも揃って無能なやつばかりなんだ。神様、どうぞ教えてください」

と大疑団を投げかけるのだ。

そのように、いつもいつも神様に投げている人には、いつもいつも答えが返ってくる。ある時は人の口を通して、またある時は自分自身の直感で、「あっ、これが答えだ」とわかるわけだ。拙著『神界からの神通力』では、人の口を通して答えが返ってくるのを間接内流、直感や霊感でパッとキャッチするのを直接内流と書いたが、とにかく神様に投げていれば必ず答えが返ってくるのである。テレビを見ていてもハッとするし、本を見ていてもハッとする。人とおしゃべりをしていてもハッとする。帽子をかぶろうとしてもハットする。

だから、「なぜなんだ！」と、常に大疑団を投げることが非常に大切なのである。大疑団を持たないと、人間としての進歩がない。ボケーッと神仏を拝んでいるだけで満足している人には進歩向上がない。何かにつけては、

「ご先祖様のおかげです。感謝します」

「御仏のお導きです。ありがとうございます」

「神様のおかげです。ありがとうございます」

と感謝するだけ。それでもまあ、神仏に感謝する心は非常に大切だから、ご先祖様も守護霊さんも神様仏様も喜んではいるだろうし、守護もしてくれるだろう。しかし、それだけでは、それ以上の進歩がない。それなりに、先祖も兆しを与えてくれるかもしれないが、魂の向上という面では何一つ進歩がない。

やはり、テーマを持たなければいけない。テーマ、大疑団を持って神様、仏様に投げて投げて投げ抜く。どれだけ神様に投げたのか。その投げた量が多ければ多いほど、多く返ってくる。兆しで返ってくる。その兆しを正しく受けるには、さっきいったように、執着心や我欲があってはダメ。そういうものをなくし、自分の内面性を虚心坦懐にしていたら、すぐにキャッチできる。

これが、禅定とか『易経』にある「幾を知るは其れ神乎」というレベルを一歩も二歩も越えた機のとらえ方でなのである。いわば「幾の先を知るは、其れ、神乎」という世界である。

朝夕の祈りでアンテナを張れ

以上、予知能力、直感というものがどういうものであるか。その本来の意味をお話ししたが、これだけではいささか具体性に欠ける。そこで次に、いかにしたら予知能力、直感力を養い、これを経営に生かすことができるのか、その具体的方法をお話ししたいと思う。

「あっ、こういう商品をつくったらヒットするな」
「あっ、この会社はちょっと危ないな」
「あっ、この従業員、ちょっと問題があるな」

こういう予知能力があったらどんなにいいだろう、でも、自分にはそんな予知能力なんてあるはずがない、とハナからあきらめている人が多いのではないだろうか。だが、あきらめるのはまだ早い。誰でも、心がけ次第で予知能力、直感力を養うことができるのだ。

その予知力、直感力はどうしたら磨かれるのかといえば、前にも述べたように、絶えず投げなければならない。神仏に投げて投げて投げ抜けば、必ず兆しとなって返ってくるのである。

その神仏に投げることをアンテナを張るという。

では、アンテナはどう張るのか。どうやったら張れるのか。これについて突っ込んだ話をしたいと思うが、その前に、みなさんの会社には神棚をお祀りしているかどうかお尋ねしたい。もしお祀りしてなければ、今すぐにでも置いていただきたい。それから、三宝荒神をお祀りしているだろうか。これも、お祀りしていなければ今すぐにでも置いていただきたい。会社、事業所には必ず神棚と三宝荒神をお祀りすること、これを忘れないでいただきたい。

というのも、アンテナを張るには神仏への祈りが欠かせないからである。逆にいえば、神仏への祈りを欠かさず毎日やっていれば、どんなに鈍い人でも感性を磨き、予知力を高めることができるのである。

ということで、神棚および三宝荒神に祈って予知力を養う方法をこれからお話しするわけだが、今現在、会社に神棚のない人の場合は、家の神棚、三宝荒神でいいだろう。また、家にもない人の場合は、自分の守護神守護霊にお祈りするか、あるいは産土の神の方向に遙拝してもいいだろう。

さて、あなたの会社に神棚があるものとして、具体的な祈り方になる。

朝、会社に出勤したら何よりもまず、神棚に向かって祈る。天津祝詞を知っている人はそれを三回奏上し、「いつもお守りくださいまして、ありがとうございます」と感謝の祈りから入っていって、「本日もよろしくお願いいたします」と祈る。これが、予知力や直感力を高めるための基本である。

「本日も得るところ大なるものがありますように。学ぶところ大なるものがありますように。経営上のヒント、そして自分の研鑽、宇宙の真理、道におけるあらゆることが学べますように」

こういうふうに祈るのだ。ちなみに、これは仏教でいうところの胎蔵界の祈りである。道を極めていく、真理を探求していく、そういう進歩向上の祈り。これが胎蔵界の祈りである。次に、

「すべての従業員が今日も幸せでありますように。今日も喜んで仕事に打ち込めますように。そして、すべての取引先が喜び感激し納得して、ますます繁栄するようなやり方ができますように。それから、すべての仕入れ先も心から納得して喜び、弥栄えていきますように」

と祈る。経営者にとって大事な人は従業員、販売先、取引先の三つに他ならない。だから、その人たちの幸せを心から祈るのだ。これは金剛界、つまり、世のため人のためという慈悲の祈りである。

この時、できるなら言葉に出して祈りたいものだ。もちろん、心の中で念じているだけでも神仏に通じなくはないが、やはり、言葉に出して祈るのと心の中で念じるのとでは霊力が違ってくるのは自明の理である。

そういうふうに胎蔵界と金剛界の二つの方向でビシッと祈っていると、本当に神仏に導かれて、その日得られるものも大なるものになり、徳も積める。

もちろんそれだけではない。アンテナが立つのである。そしてアンテナが立つと、仕入れ先と話をしている時に、「あっ、このままだと在庫過剰になるな」というようなことがピーンと来る。従業員の幸せを祈っていると、従業員の問題点がピーンと来る。販売先のことを祈っていると、販売先の問題点がピーンと来る。「あっ、彼は今、こういうことで悩んでいるんだな」「この会社には、こういう商品を持っていったら喜んでくれるな」「ここは資金が逼迫していて、ヘタをすると不渡りを食らうことになるな」といったことがわけもなくピーンとわかるようになるのである。

決算期には三宝荒神に祈れ

それから、決算期が近づいてきたら、三宝荒神にお祈りすることも大切だ。

三宝荒神にもまず感謝の祈りから入っていく。

「いつもいつも会社の台所をお守りくださいまして、ありがとうございます」と感謝の祈りをしてから、神棚に祈るのと同じく胎蔵界の祈り、金剛界の祈りを捧げる。そのあと、

「どうぞ、三宝荒神様、多すぎる在庫がありましたら教えてください。余計な在庫がありましたら教えてください。そして、回転在庫で必要なものがありましたら教えてくださ い。どうぞ、足りないところがあるならば知らしめたまえ。よりよい改善策があるな

自己を修養し、取引先の幸福も祈れ。神仏の知恵がおこる。

らば知らしめたまえ」

と祈る。

このような台詞を祈りの中に含ませて奏上すると、在庫管理の帳簿をみたり、あるいは在庫をチェックしたりする時、何か問題があると「あっ！　ここが問題だ」というふうにピーンと来るのである。在庫の現物を見ても、決算書、帳簿を見ても、

「あっ、こんなところにデッドストックがあったじゃないか」

「この在庫、こういうふうにしたら、うまくさばけるんじゃないか」

と、ピーンと来るわけである。


在庫をさばく一番いい方法は、改めていうまでもなく売ることである。あるいは納入業者に返品するというのもいいだろう。返品できなければ差し替えてもらう。しからずんば決算前に処分する。デッドストックの場合は、原価を割ってでもいいから現金化するように努める。最悪の場合は、燃やすなどして在庫を処分し、その処分しているところを写真に撮って税務署に見せる。

そのように在庫処分のやり方はいろいろあるわけだが、三宝荒神に向かって、

「足りないところがありましたら教えてください」
「よりよい方法がありましたら教えてください」
と、言葉に出して祈りを奏上すると、その事柄についてのアンテナが立つ。アンテナが立つから、ちょっとしたことからでもピーンと感じるようになるのである。

意識と関心を向けなければ霊感も直感も来ない

このアンテナを毎日毎日立てていたら、情報が確実にキャッチできるようになる。その事柄の霊界に意識と関心を向けるから、何を見ても何を聞いてもピーンと感じるようになるわけだ。

いわゆる霊感とかインスピレーションとは、こういう時に受けるものであって、意識と関心を向けなければ何も感じない。何一つピーンと来るものはない。

少し余談になるが、だいぶ前、こんな女性がいた。その人は五〇歳前後の女性で、私にとってはちょっと面識があるという程度の人だったが、ある日、私のところに訪ねて来て、しばらく雑談して帰っていった。すると数日後、その女性の知り合いがこんな話を聞かせてくれた。

「先生、あの方の相談に乗ってあげたんですか」

「いや別に。ただちょっと世間話をしただけですよ」

「ああ、そうなんですか。あの方、『深見先生は霊能者だって聞いていたけれど、霊能者なんかじゃないわ。私の悩み、何一つわかってくれなかったもの』とおっしゃってましたよ」

おそらくその女性は、霊能者なら何も言わなくても、目の前に座っただけで自分の思いや悩みをすべてわかってくれるんだろう、くらいに考えていたのだと思う。その女性にかぎらず、霊能力とかインスピレーションというものをそう捉えている人は、思いのほかたくさんいるらしい。

しかし、そうではない。霊能力とかインスピレーションといっても、意識と関心を向けなければ湧いてこないのだ。ちょっと世間話をしただけで、関心を向けていない相手の心中までわかるはずがない。何より私は、むやみに人の心中を覗くような真似はしない。そんなことは、ちょっと考えればすぐにわかりそうなものだが、何もしなくても何でもわかるのが霊能力だと考えている人が多いので困ってしまう。

もちろん、相手に対する愛念の密度をグーンと高めれば、何でもわかる。その人の前世から守護霊、そしてその人の先祖たち、さらにはその人がどんな人生を送ってきたのか、そういったことが手に取るようにわかるのだが、それはあくまでも相手に強い意識と関心を向けた時のこと。意識と関心を向けなければ、霊能者といえどもわからない。これが正神界の霊能力というものの実際である。

まあ、少し横道にそれたが、とにかく、霊能力とかインスピレーション、直感を磨くには意識と関心を向ける以外にない。

では、意識と関心はどう向けるのかというと、朝の祈りの時に台詞に入れて、関心というアンテナを立てるのである。これを怠りなく実践していくと、霊感と直感が研ぎ澄まされて、ちょっとしたことでもすぐにピーンと感じるようになる。

「桐一葉、落ちて天下の秋を知る」

という言葉がある。暑い夏の盛りに桐の葉が一枚ハラリと落ちるのを見て秋の近いのを知る、ということから転じて、わずかな兆しを見てその後の衰微を予知するという意味に使われる言葉であるが、それが可能になるのも、世の形勢に常に意識と関心を向けているからである。そうでなければ、桐の葉が一枚落ちたからといって何も感じるはずがない。「あっ、桐の葉っぱが散っているなあ」と思うのがせいぜいで、落ちるのさえ気がつかない時のほうが多いに決まっている。つまり、

「心にあらざれば、見れども見えず、聞けども聞こえず」

という状態になってしまうわけだ。

だから、毎朝毎朝、神棚に向かって祈る時に、従業員のこと、販売先のこと、在庫のことなど、会社経営に欠かせない事柄について祈りの台詞の中に入れていくことが非常に大切なのである。

●第四章●

経営を軌道に乗せる「波の三段活用」

縁がすべての始まり

事業にしても何にしても、人生には波がある。いい波、悪い波、いろいろな波がある。この波をいかに的確にとらえ、うまく乗っていくか。ここにも成功、失敗の分かれ道がある。もちろん、悪い波が押し寄せてきた時には、これを避けるかじっと辛抱するしかないが、いい波がやってきた時には、素早くこれに乗る。そうすると、思いもよらない大成功を収めることも夢ではなくなる。

そこで、どうしたらいい波を起こし、これに乗ることができるのか、その方法を紹介する。

まず最初は、そもそも波とは何なのか、ということだ。波とは一言でいえば縁、チャンスであって、事業にしても結婚にしても人生のすべての始まりはここにある。

この縁、チャンスのことを禅宗では禅機と呼んでいることは前にも述べた。その禅機とは具体的にはどういうものかというと、たとえば一休禅師にまつわるこういう話がある。

一休禅師といえば、機知に富む大徳寺派の禅僧として知られているが、その一休禅師の下に村田珠光という人物が入門してきた。村田珠光、知る人ぞ知る、日本の茶道の創始者である。

ところが、この村田珠光、一休禅師の弟子になったものの、いつも居眠りばかりして一向に修行が進まない。それで、どうしたら座禅中に居眠りをしないようになるか医者に相談したところ、その医者曰く、

「中国伝来の抹茶を飲んだら、眠気は消えるであろう」

「ああ、そうですか」

そしてお茶を飲んだら本当に眠らなくなった。そんなことから村田珠光はお茶を飲み始めたのだが、ある時、一休禅師が珠光の庵を訪れた。お茶に招かれてやってきたわけである。

庵の中に通すとさっそく、珠光は一休禅師にお茶をすすめた。

「どうぞ、ご一服」

と、茶碗を差し出す。一休禅師、お茶をすすめられながら、

「何のためにお茶を飲むんだ？」

と聞いた。これに対して珠光が、

「眠気覚ましに……」

と答えようとしたその刹那、珠光の掌の上の茶碗をパーンと払った。コロコロと床の上を転がる茶碗。お茶で汚れた床。それを珠光が黙々と拭いている。一休禅師も黙って見守っている。

もうそろそろこいつは見性成仏するな、悟りが開けるなということが一休禅師にはわかっている。頭でないところでパッとわかっているから、パーンと茶碗を払った。つまり、禅機が動いたわけである。

そして、世話になったなと一休が庵を去る時、珠光は出口まで見送りに出たのだが、その時もう一度一休が振り返って尋ねた。

「ところで、何のためにお茶を飲むのかな?」

珠光、咄嗟に答えて曰く、

「花は紅、柳は緑」

頭で考えて答えたわけではない。何のためにお茶を飲むんだ、と尋ねられた瞬間にパッと蘇東坡の漢詩の一節が口をついて出たのである。「花は紅、柳は緑」。考えてみれば当たり前のことである。花が紅いのは当たり前、柳が緑なのも当たり前。蘇東坡ももちろん禅を極めていたから「花は紅、柳は緑」と詠んだのだが、珠光はその言葉に自分の悟りの境地を瞬間的に託したわけだ。理屈とか分別を越えて、自然のありのままが素晴らしき御仏の顕現であり、天地自然の真なるものを実感しておりますという悟りの境地。その悟りの境地というのは言葉で説明するものではないし説明できるものでもない。だから、「花は紅、柳は緑」に託したのだ。

その珠光の境地はもちろん一休にもわかる。そこで、

「よくぞ通った。お前は今、見性して悟った」

といって、珠光に印可を与えた。

それ以降のことである。村田珠光のお茶が変わったのは。それまでは眠気覚ましに飲んでいたのだが、そうじゃない、お茶は飲まんがために飲む。飲むその時の境地こそが揺れ動かざる禅定であるし、お茶そのものが内的な魂の禅定を表すものなんだ、と。ここから茶禅一味が始まったのである。この村田珠光から武野紹鷗へ受け継がれ、千利休にいたって茶道が確立したことは周知のとおりである。

ちょっと横道にそれたが、お茶を飲んでいる時に、「何のためにお茶を飲むのか」と。

自然のありのままが神仏の顕現である

こういうようなのを禅的な機働きというわけである。これは理屈ではないところで感じるもの。何だかんだと頭では考えない。目に見えない何かがパッと動くわけだ。

南泉和尚に見る禅的機働き

禅にはまだ面白い話がいっぱいあって、例えば、ある時、いろいろな人がお寺に来るたびに、どんな境地なのかと問答をしかける和尚さんがいた。それを弟子が見ているとと、お師匠さんは何を聞かれてもパッと人指し指を一本立てて「一だ！」とやるだけ。

「仏法の真髄についてそもさんか」

と聞かれると、お師匠さんはパッと一本、人指し指を立てる。この一本の人指し指、要するに「仏法の真髄は太極なんだ」ということなのだが、その一本指を立てている魂の奥に、開いて悟っているものがあるわけだ。太極というのは無私、無欲、分別の知恵を乗り越えた本性に帰るということなのだろうが、その和尚さんは理屈じゃないところで悟っているのである。

誰が来ても「そもさんか、仏法の真髄は」と問答をしかけては、パッと一本、指を立てて「一だ！」と。それだけで向こうは「はーっ」と言って帰っていく。

それを弟子の坊さんが見ていて、「ははーん、ああやるのか」と思って、修行者が寺にやってくるたびに真似をした。来る人来る人に、「仏法の真髄は」と問答をしかけてはパッと人指し指を立てるのである。

そのことを知ったお師匠さん、ある時、その現場を押さえて、

「お前は何もわかっていないのに、なんていうことをするんだ！」

と、その場で弟子の人指し指をスパッと包丁で切り落としてしまったのである。

指を切られた弟子はたまらない。

「うわーっ、何と無慈悲な！」

と、その場で泣き叫んでいる。そして、怨みに満ちた目でお師匠さんを見上げた瞬間、お師匠さんは何をしたかというと、パッと人指し指を立てた。

「お前の言っていることは本当じゃないんだよ」ということで、瞬間に指を切り落とした。弟子の手は血だらけになっている。「うわーっ、なんてことを！」と怨みの目で見上げた瞬間、お師匠さんが立てた一本の指。その指を見て、パーンと弟子は魂の奥で悟ったのである。形ある指一本を失って瞬間に、形のない本当の悟りを得た。

結局、その師匠はそれだけの大悲に徹していたのである。弟子の人指し指を切り落とすなんて残酷な話ではあるが、禅的機働きがあった時には頭であれやこれや考えないで、瞬間にパーンとやるわけである。切ったら痛いだろうなとか考えていたら禅機なんてとてもとらえられないし、切った瞬間に「はあ？」なんていわれたら、見性を遂げるどころの話ではなくなってしまう。お師匠さんはそのタイミングを見計らってやっているわけだ。頭ではないところでパッとわかっている。そういうことは、禅の世界とか霊格を持っている人の世界ではよくあることだが、これを禅的機働きという。

乱暴ではあるが、実際にあった話で禅語録に残っている。

珠光の場合は、「何のためにお茶を飲むんだ？」と一休に聞かれて「眠気覚ましに」と答えた瞬間にパーンとお茶碗を払われたのだからまだいいが、指一本切られたんだから、その弟子としてはたまらない。それだけ修行というものは命がけのものなんだということである。

それからもう一つ、南泉和尚にまつわる話でこんなのがある。南泉和尚はある時、一匹の猫の首をつかまえて、弟子たちに、

「一言いえ、一言いえ。お前たちのうち誰かが一言いえばこの猫は助かるが、何もいわ

なければこの猫を斬るぞ」

と問答をしかけた。すると何人かが答えたのだが、それではダメだということで南泉和尚、その場で本当にその猫を斬り殺してしまった。

その晩、禅宗の歴史上有名な趙州禅師が南泉和尚のところに帰ってきた。そこで南泉和尚は若い趙州禅師に向かって、

「かつて、こういうことがあってな。お前ならその時、どう答える?」

と尋ねた。するとその瞬間、趙州禅師は履いていた草履を頭のてっぺんに乗せて、キョトンとした顔で部屋から出ていった。それを見た南泉和尚曰く、

「お前がいたら猫の命は助かったろうに」

何の話かわけがわからない。なぜ、草履を頭のてっぺんに乗せると猫の命が助かるのか。

これもやはり、咄嗟に出てくる禅的機働きなのである。草履とはこれこれこういう意味で、頭とはこれこれこういう意味でと考えてやったことではない。頭でないところから瞬間にパッと出てくる行動であり、趙州禅師の仏性から出てくる行動なのである。

なぜ、南泉和尚は本当に猫を斬り殺したのか。それは、弟子たちの言葉が本人の仏

性、神性からパッと出た言葉ではなかったからだ。だから、「ダメだ！」といって本当に猫を斬り殺してしまった。残酷な話ではあるが、このように禅の師匠というのは生活の中で禅的な機というものを瞬間、瞬間にとらえているわけである。

「波の三段活用」

少しばかり禅の話が長くなったが、では、この機というのはどのようにして出てくるのかといえば、機の前には縁がある。前の章で「機の先をキャッチせよ」といったが、機の先には縁があるのだ。その縁が目に見えない無形の世界で働いて、やがて縁が熟して機が出てくるのである。

その出てくる機をパッと本能で感じる。これを禅の世界では禅的機働きということはすでにお話ししたとおりだが、別の言葉でいえば運命の転機である。

「ああ、あの時点から転機が始まっていたんですね」

なんてことをよくいうが、転機とはすなわち、無形の世界の縁が熟して機が出てくること。

そうやって機が出てくると、いよいよ波が始まる。機から波が起こるわけだ。これをパッとつかんだら幸運の波に乗れる。

波、いい換えればチャンスである。このチャンスをパッとつかんだら幸運の波に乗れる。つかみそこねたら波から外れる。

このように波は始まるのである。だから、よき縁を持っている人はよき機が巡ってくる。そして、よき波に乗るチャンスに恵まれるわけだ。

目に見えない無形のよき縁をいくつも持っている人はいくらでもいい機に恵まれる。だから、幸運の波がいくつもいくつも出てくる。反対に、悪い縁を持っている人は悪い機が出てくるから、悪いことばかり波打ってくる。

これが目に見えない機であり、機働きである。これがあって初めてパッと幸運のチャンスをキャッチできる。チャンスをものにできるわけである。

だから、幸運の波に乗ろうとするならば、チャンスをつかむつかまないということより、何よりもまず、いい機が出てくるようにしなければならない。いい機が出てくるためにはいい縁を呼ばなければならない。まずこれをしなければ、波には乗れないわけである。

縁が熟して機が出てくる。機が出てきて波が起き、チャンスが巡ってきて機働きにつながっていく。これを運びという。つながっているものの運びが運。「運がいいですね」「運が悪かったですね」「いい機運ですね」「機運がこっちのほうに向いてきたね」「いよいよ天機が巡ってきましたね」などという場合の運である。

天機、機運が巡ってきたということは、すなわち波が起きたということである。いい機運、悪い機運、いろいろな機運が巡ってきて波が起きる。この機をどんどん生み出していけば、いい波に乗れる。こういうことがわかっていると、事業運とか結婚運とか神霊界から来る機をつかんで波に乗ることができるのである。

では、波を起こすにはどうしたらいいのか、波に乗りそこねた場合どうするか。これについて説明しようと思うが、この波の活用法を私は〝波の三段活用〟と呼んでいる。その〝波の三段活用〟とは、結論から先にいえば次のようになる。

一、わが想いで縁を結び、機を呼び波に乗る
二、他力（神、仏、霊）で縁を結び、機を呼び波に乗る
三、他人の援助で縁を結び、機を呼び波に乗る

この三段階である。

まず最初は、わが想い、つまりよき想念を保つことによってよき縁を結び、機を呼び波に乗る。

次は他力、すなわち神様や仏様、あるいは守護霊に縁を結んでもらって、機を呼び波に乗る。

最後は、他人の援助で縁を結び、機を呼び波に乗る。

大きく分けて、波はこの三つの方法で起きてくる。幸運の波がやってくるわけだ。また、これをマイナスの方向に向けていくと悪運の波がくることは言うまでもない。

現実的な努力が運を開く

ところで、人生の運、不運というものを論じる時には、どうしても前世の刧《ごう》だとか徳分、あるいは家代々の刧だとか徳分といったことを避けて通ることはできない。だが、そういうことを論じてしまうと、どんなに前向きな方策があったとしても結局、虚しくなってしまう。そこでここでは、そういう話はちょっと置いておき、あくまで現実的な方策に的を絞って説明したいと思う。

運を掴むには、波（チャンス）を起こして、それに乗れ！

たしかに、前世の刧《ごう》や家代々の刧があると機を呼びにくいし、波にも乗りにくい。逆に、徳分があると機を呼びやすいし、波にも乗りやすい。そういうことはたしかにある。しかし、たとえ刧があっても、それを見事に乗り越えてチャンスをつかみ、しっかりと波に乗って成功している人もいっぱいいいる。反対に、徳分があっても機を呼ぶことができずに不遇をかこっている人も少なくない。一族すべて幸運なのに、その中で一人だけいつもチャンスを逃している人は、いつの時代にもいるものである。

だから、家の徳分や前世の徳分がありさえすれば、すべてがうまく運んでいくというわけでは決してない。逆に、家の刧があると絶対に運が開けないというものでもない。やはり、運を開いていくには現実的な努力が要るわけだ。

前世と家の刧、前世と家の徳分。これはあくまでも前提条件にすぎない。波が強いか弱いか、乗りやすいか乗りにくいか。それを多少左右することはあるが、それはもう済んでしまった過去のこと。だから、そんなことをあれこれ考えるよりも、もっと前向きにいい波を呼び起こす努力をしていくしかないし、そのほうがはるかに現実的であるはずだ。

「波の三段活用」①――わが想いで縁を結び、機を呼び波に乗る

ということで、いかに前向きな努力をしていくかという話になるが、まずは、わが想いで縁を結び、機を呼び波に乗る。これが第一である。

これはいってみれば、自力による努力である。自力といってもいろいろ動き回って努力するというものではなく、想いの世界での自力による努力。つまり、いかにいい想念を保っていくか、ということである。

では、どういう想いがいい縁を結ぶのかというと、前向きで明るくて、未来はバラ色だという想い、イメージである。

前向きで明るく、発展的かつ積極的なイメージの力はいい縁を結ぶし、機を呼び覚まし呼び込む。

だから、絶えずそういうイメージを大事にしている人は、本当に幸運に恵まれる。だいたい、運のいい人というのは明るい性格をしているはずだ。そして前向きで積極的。そういう人はみんな運がいい。

たとえば、四回か五回お見合いをしたけれど、全部ダメだったとする。そうしたら誰でも、「私って、魅力がないのかしら」と思う。しかし、これでは前向きで明るいイメージとはいえない。

相手が魅力的でなかったのである。自分に魅力がありすぎて、まばゆいから成就しなかったのだ。事実はどうであろうと、そう思い込むべきである。

そうして、何回ダメでも、次こそ素晴らしい人との出会いがあるんだとキラキラ輝いていると、そのうち運勢のほうが根負けして、そんな女性でもいいという男性が現れてくるのである。

それから、仕事がうまくいかない、イマイチだなあ、という時がある。そういう時は要するに、悪い波が来ているわけである。その悪い波はなぜやってくるのか。波が来るもっと前の段階で、悪いイメージ、悪い想念（具体的には後ろ向きで暗くて、消極的で頽廃的《たいはいてき》なイメージ）をいつも持っているから悪い波がやってくるのだ。そういう霊界を自分でつくっているのだ。だから悪い波がやってくる。

自分でつくる霊界のことを自己霊界という。自分がいつも描いているイメージと想念。それは即、その人の霊界を形成する。だから、それに合った霊がやってきて、それに合った縁が結ばれ、機が出てきて、波がやってくる。一言でいえば、波長が合うわけだ。波長が合うから似たような霊界を持った者が集まってくる。似た者夫婦、似た者同志。類は友を呼ぶし、霊は霊を呼ぶわけである。

だから、いい運といい波、いい機運を得ようと思うのなら、いいことしか思わない。悪い想いは自分の努力で払拭し、いつも明るく積極的な想念、イメージを抱くよう努める。これが大事である。

未来はバラ色だ、来年は素晴らしいぞ、事業もお金も必ずどこかから運ばれてくるに違いない。四柱推命で鑑てもらっても手相を鑑てもらっても、事業運、金運はないといわれたとしても、自分自身はあると思っていたらいいのである。イメージには税金がかからないのだから、どんなイメージを抱こうと、それは本人の自由である。

素晴らしいイメージを常に保て

四柱推命という不思議な占いがあって、それで運命鑑定をしてもらうと、「あなたはもともと金運や事業運がない星の下に生まれている」などといわれることがある。あるいは、あなた自身、そういわれた体験があるかもしれない。しかし、そんなことでがっかりしたり希望を失う必要は全然ない。

「そりゃあ、たしかに是川銀三と比べたら金運がないかもしれない。けれど、隣のおじさんと比べたら金運がある、友達の誰々君と比べたら金運がある」

と思えばいいのだ。一口に金運がないといっても、誰と比較してないのか、なのである。

オナシスと比べたら、そりゃあないだろう。西武の堤さんと比べたら、そりゃあないだろう。でも、隣のおじさんと比べたらある。要するに、比較基準の問題なのだ。

運命鑑定家はよく、

「人相や星で鑑るかぎり、あなたの運は最悪だ」

「人相で鑑ると、この人は主になるよりも補佐役に適している」

というようなことをいう。しかし、これほどいい加減な話はない。

たとえば昔、保利茂という自民党の官房長官を務めた政治家がいた。あの人は典型的な補佐役の人相をしていると常に言われ続けたのだ。それでも衆議院議員で、地元の佐賀ではトップである。それに、大臣にもなっている。大臣になって内閣の中では補佐役を務めていた。補佐役といっても、衆議院議員になり大臣になったレベルでの補佐役である。内閣という政治の最高レベルの世界では補佐役にやや向いているかもしれないが、地元ではトップなのである。

それから、吉田茂という名宰相、前後日本の復興をリードした偉大な政治家がいた。しかし、吉田茂という名前の人はあの人だけではない。世の中にはいっぱい吉田茂さんがいるわけだ。総理大臣になった吉田茂もいれば、クリーニング屋さんの吉田茂もいるし、葬儀屋さんの吉田茂もいるし、学校の先生をやっている吉田茂もいる。

だから、運命は名前だけで決まるものではないのだ。四柱推命を勉強している人は、星が影響しているんだというが、問題はどのレベルの話か、である。

事業運もそうである。金運もそうである。すべて比較基準の問題なのだ。だから、何といわれようが、いいほうに解釈して、絶対に悪いイメージ、暗いイメージは持たないように努める。どんなことをいわれようが、イメージの世界だけは自分の自由である。何を思おうが、カラスの勝手である。だから、悪いイメージだけは絶対に持たない。これが肝心である。

世の中は今、円高がこれ以上進行すると日本の経済は壊滅するんじゃないかなどといわれている。だが、そんなことは全然気にしないで、自分のイメージだけはいつも明るく発展的に保っていく。そういう姿勢が特に経営者には大事なのである。

明るく前向きな心に、いい縁がやってくる

とにかく、いつも前向きで、明るく発展的かつ積極的なイメージを抱き続ける努力をしなければならない。どんなことがあっても、来年は素晴らしい年になる、来年は必ず事業が発展する、売上も上がる、利益率も上がる、自分の収入も増える、そのための方法も必ず見つかるに違いないと思い込んでいる。現実はどうであれ、イメージだけは絶対に壊さない。それが非常に大切なのである。

「私は金運、事業運がないといわれている。たしかにオナシスよりはないだろう。事業運にしても松下幸之助よりはないだろう。しかし、ライバルの彼よりはある」

こういうようにいつも思っていると、本当に物事の運びがそちらに向かっていくのである。そして、そのための具体的な方法も見つかるものなのである。

だから、金運があるとかないとか、事業運があるとかないとか、易者さんのいうこと

をいちいちまともに受けてはいけないのだ。それから、劫というものもまともに受けてはいけない。お父さんをはじめ、先祖代々の生きざまを見て、

「先祖を見ても劫《ごう》が深そうだし、お父さんを見ても深そうだし、自分のこれまでの人生もそうだし、所詮、いい運勢なんてぼくには縁がないんだ」

というふうには絶対に考えてはいけない。

「お父さんとぼくは血がつながっている。けれども、守護霊は違う。だから、お父さんとは運勢が違うんだ。いい運勢を持っているんだ。これから素晴らしい人生が開けていくんだ」

と考えるように努める。と同時に、親戚縁者の中で金運のありそうな人を探す。そして、

「ぼくはあの人の血を引いている。だから、ぼくにも金運がある」

と思い込む。そうすると霊界が感応して、その人の守護霊が応援に来るのだ。

「お父さんとお母さんは最低だけれど、ひいおじいさんが大層立派だった、そのひいおじいさんの血を引いている」

こう思うのは自由である。それで霊界が感応して、そのレベルに上がっていくのだ。

ウソだと思うかもしれないが、本当に上がるのだ。

だから、現実はどうあろうとも、そんなことは一切関係ない。いついかなる時でもわが想いを明るく前向きで積極的に保っている。イメージだけはいつもいい方向に描く。そうすると、必ずいい縁が芽生えてくる。いい縁が芽生えてくるといい機運が出てきて、巡りがよくなる。

巡りがよくなったらどうするかというと、「あっ、幸運が巡ってきたな」と素直に神仏に感謝して、失敗を恐れずにチャレンジする。チャレンジするとチャンスをつかむ。ああなるんじゃないだろうか、こうなるんじゃないだろうかと恐れていたらダメ。迷っていたら、運を逃すのだ。たとえ失敗してもいい。失敗してもいいからチャレンジする。そこから波が始まるのである。

たとえば、飛び込み営業でいろいろ回っても断られる。すると誰でも嫌な気持ちになる。嫌な気持ちになるあまり、もう二度と飛び込みは御免だと思うようになる人も少なくない。しかし、それではダメなのである。

嫌な思いをしても構わない、絶対にいいお客様に出会えるんだと思って突き進んでいくと、何回か断られてもやがて成就する時が来る。それに、断られてもくじけずにチャ

明るいイメージがいい縁を生み、幸運を呼び込むのだ！

レンジし続けていくと、極意が体得できるのだ。

「あっ、年配の人にはこういう話をすると喜ばれるんだな」

「あっ、小さい事務所にはこういう物を持っていくといいんだな」

失敗を何度も重ねることによって、その道の極意が体得できる。銀行からの借入でも、売掛金の回収でも、何でも極意が体得できる。極意というものは、失敗の積み重ねによってしか体得できないのである。たいした苦労もせず、何でもスイスイやっていける人に極意を尋ねても、答えなんか返ってくるはずがない。

「あなたはよく売ってきますねえ。どうしてそんなに実績を上げられるんですか。何か極意でもあるんですか。あったら教えてください」

と尋ねても、何も返ってこないはず。せいぜい、

「いやあ、運がいいんですよ。行くところ行くところ、どういうわけかみんな買ってくれるんですよ」

と返事が返ってくるのが関の山である。

とにかく、失敗にくじけないでチャレンジしていくと、必ず何か得られるものがある。そしたら、次にジャンプできる。越えられるのである。

だから、幸運が巡ってきたと思ったら、恐れず素直に突き進む。そうしたら経験するものがある。学ぶものがある。体得するものがある。だから次に必ず成功する。恐れたら、せっかく機が出てもチャンスを逃してしまうのである。

暗い話、悪い話には耳を貸さない

これは理屈でわかっていても、実践となるとなかなか難しい。突然、取引先から取引停止を申し渡されたり、不渡りを食らったり、従業員にお金を持ち逃げされたりといったみじめな思いをすると、とかくマイナス思考に走りやすい。もうダメなんじゃないか、努力しても報われないんじゃないか、所詮自分の経営能力はこんなものなんじゃないか、運勢もたいしたことないんじゃないか。こんなふうに考えやすい。

特に、証券会社とか銀行と仲がいい経営者は、不況の時は大変だ。銀行とか証券会社は、データをいっぱい持っている。今現在、いかに不況か、数値で全部把握しているわけだ。そして、そのデータに基づいて、どれだけ日本経済が大変かを教えてくれようとするわけだが、それを耳にすると、どうしても想念が暗くなってしまう。教えるほうは、いろいろデータを示しながら客観的にいっているつもりなのだろうが、聞いているほうは、どうしてもイメージを曇らせてしまう。その結果、本人の運まで悪くなってしまう。

だから、そういう情報通の人のいうことは、話半分として受け止めることが肝心で、決して自分のイメージまで曇らせることのないようにしたい。

世間はたしかに不況かもしれない。しかし、不況は不況でまた考えたらいいわけで、銀行のいうことは一応聞くけれども、イメージは絶対に壊されないようにしなければいけない。不況不況というけれど、考えてみれば、今回の不況はもともと銀行が招いた不況ではないか。銀行が招いたバブル経済だったではないか。証券会社も同罪ではないか。銀行、証券会社が来たら、そんな皮肉の一つでもいってやりたいところだ。

それはともかく、イメージにマイナスになるようなことはなるべく聞かないように努めることである。マイナスになるようなことはなるべく聞かず、プラスになるような情報を収集する。そうしなければ、気持ちまで暗くなってしまう。だから、情報通の人の話には、あまりのめりこみすぎないようにしたい。

いずれにしても、銀行とか証券会社とか、情報通の人とよくお話をする人には注意が必要だ。いろんな情報を聞くと、かえってわからなくなってしまい、イメージを壊されてしまうのだ。イメージが壊されると、せっかく巡ってきた運まで逃してしまう。大事な縁まで摘んでしまう。気を曇らせてしまう。機運が停滞する。だから、あまり聞かないほうがいいのである。

情報も、前向きな情報ならいい。そういう情報を提供してくれる人と縁を結ぶと、自分のイメージが明るくなるし、前向きになるし、積極的になる。そして、運がますますよくなる。

これは理屈でわかっていても、いざ実践となるとなかなか難しい。ちょっとしたことでも、すぐにイメージが壊されてしまうのだ。

そして、このイメージ力の強い人のことを〝バネのある人〟というのである。たとえ悪い波が来ても、悪い情報を耳にしても、自分のイメージだけは絶対に壊さないという人が〝バネのある人〟で、そういう人になるべきだ。

これに対して、ちょっとしたことですぐに後ろ向きになってしまう人もいる。暗くて消極的かつ頽廃的で、イメージが弱くなってしまう人。世間ではそういう人のほうが多いかもしれない。そういうイメージをすぐに壊してしまう人は結局、どんなに縁があってもダメになってしまうのである。縁があって波が来ても、それを逃してしまう。せっかくいい波が来ているのに、ポキーンと折れてしまう。波に乗りそこねてしまう。それは、イメージを壊してしまうからだ。

ところで、調子よく波に乗っていても、何か問題が生じた時にはグラグラと揺れが来る。こんなことではダメなんじゃないかとか、これから大きな問題が起きるんじゃないかとか、一体どうなっていくんだろうかとか、不安になる。その想いの世界というのは、決して前向きで明るく積極的ではない。だから、いいイメージが壊れて、そう思った瞬間から波が狂い始める。波から乗り遅れてしまうわけである。せっかくの波をちょっとした想念の狂いで逃してしまう。誠にもったいない話だが、そういう人は少なくない。そんな波を逃してしまう人のことを並の人物という。並以下の人間は潜水艦である。波の下を行く潜水艦である。そうならないよう、くれぐれも注意したいものである。

明るい想念だけは絶対に壊してはならない

このように、何か嫌なことがあったり、マイナスの情報を聞いたりしても、絶対に悪いほうへは考えないようにしたい。

「あっ、こんなこと、考えてはいかん。こういうふうに思ったら波に乗りそこねてしまう」

と、いいほうへいいほうへ自分のイメージをふくらませていく。周囲がどんなに困窮していようと、自分の想いの霊界だけは素晴らしくしなければいけないと思ってやっていくほかない。周囲の人を見ると、泣いたり悲しんだりしている。不況で会社が危ないとか、給料が出ないとか、世間が悄然としている時でも、自分だけは

「将来はバラ色だ、明日はバラ色だ、自分にはバラ色の人生が待っている」

と、前向きに明るく考えたらいいのである。

そうはいっても、まあ、お葬式の時だけはよしたほうがいいだろう。みんなが悲しんでいる時に、

「未来は明るい、希望に満ちている！」

なんていったら、

「お前は人の死を喜んでいるのか！」

といわれるに決まっている。まあ、葬儀の時、お通夜の時だけは口に出すのはやめておこう。しかし、この人ならいい霊界に行くぞ、第一天国か第二天国だぞ、と心の中で思っていたら、葬式の時でも想念を明るく保てるはずだ。

葬儀やお通夜以外は、周囲がどんな状況でも、自分の心のイメージだけは大事に大事にしていく。未来は明るいし素晴らしい。希望に満ちたバラ色の将来がまっているんだと思って、自分のイメージを壊さない。

ところが、修羅場をくぐっていない人とか、試練を実際に体験していない人は、ちょっと何かあったら「もうダメだ」と、すぐにイメージを壊してしまう。そこから波から外れていって、ガタガタと坂道を転がり落ちるような運になっていく。そういう人は決して少なくない。せっかくの運勢を壊していく人を見ていると、だいたいこのパターンである。

病気になったり会社が倒産したりすると自信がなくなってしまって、イメージの世界がガタガタと崩れてしまう。そこからスパッと元に戻る蘇生力のある人、すなわち良いイメージを大切にする人には、外れかかった波もまた返ってくる。

これが実践できている人は、やはり社会でも成功している。功なり名を遂げた人というのは、みんなこういう人なのである。

会社の経営者や政治家、あるいはまた芸術家でも、成功している人はみんなバネがある。イメージを大切にして、たとえ壊れそうになることがあっても、そこから見事に蘇生しているのだ。

いい環境に生まれ、素晴らしい人たちに囲まれ、いつもいい言霊に接していれば、誰だっていいイメージを抱き続けることができる。しかし、事業家でも政治家でも芸術家でも、成功している人すべてがそういう素晴らしい環境に恵まれているわけではない。みんな、イメージが壊れそうになりながらも必死に乗り越えて、波に乗ってきたわけである。

たとえば、オペラ歌手の世界でもそうらしい。オペラ歌手同士、激しいけなし合いをするんだそうだ。お互い、けなし合って、ガーンとショッキングなことをいわれる。オーケストラでも、「ヘタくそ。お前なんか早く退団しろ」なんて書いたメモが置いてあるんだという。それでシュンとした人は続かずに、本当に退団してしまうそうだ。

芸能界も同じ。足の引っ張り合いだとかけなし合いの中で、シュンとする人間は波から外れていく。「何をいっていやがるんだ！」というと性格が悪くなるが、たとえ少々性格を悪くしてでもイメージは壊さない。波は逃さない。物事すべて、何かを大切にしようと思えば、何かを犠牲にしなければならないわけである。

ま、そういうことで、やはり生き残って運をつかんでいる人は、芸能人でもオペラ歌手でも政治家でも事業家でも、逆境を乗り越えてきて、イメージを壊さなかった。そういう人は、それだけ強い精神力の持ち主であり、波に上手に乗る人なのである。

このイメージ、想念さえちゃんとしておけば、自分が進んできた道を狂わせることはない。いわゆる試練というのは、そこが試されるわけである。それを乗り越えたら、いい方向、いい方向へと導かれていく。

以上が、第一番目の波に乗る方法である。

「波の三段活用」②――他力（神、仏、霊）で縁を結び、機を呼び波に乗る

第二番目の波に乗る方法は、他力の活用だ。

一番目のイメージ、想念というのはどちらかというと自力的だ。想念術だとか瞑想法だとかイメージトレーニングなんていうのもこれに近いが、どちらかというと自力の活用である。

それに対して二番目の他力の活用は、神様や仏様や守護霊などの他力が動いて、縁を結んでくれる。霊界で縁を結んでくれるわけだ。そして、その縁が結ばれることによって、機が熟してくる。縁が凝結して機が熟す。機が熟してきて、思いが凝結する。これが他力の活用である。

その他力であるところの神様だとか仏様だとか守護霊さんだとかが縁を結んでくれる。あるいはお互いが同じ産土の神だということで縁が結ばれる。同じ御先祖様から出ている人だということで守護霊さんが縁を結んでくれる。あるいはまた、神仏によってひらめきが突発的に湧いてきたとか、いろいろなことがあるが、他力の神様や仏様や霊

が縁を結び、機が熟して、チャンスが巡ってくる。そうして、ラッキーなことが起きてくるわけである。

たとえば、われわれ日本人はよく伊勢神宮に行くが、「伊勢の大神様！」と祈ればだいたい半年から一年で大きな導きがある。

これが産土様だったらお祈りした翌日から、三宝荒神だったらお祈りしてから五分で結果が現れるのに、伊勢の大神様はなぜ半年ないし一年もかかるのか。それは、伊勢の大神様は大神霊だから動くまでに時間がかかるわけである。だから、伊勢でお祈りしたら六カ月から一年後に変化がある。その分、大きく働いてくださるのである。

次の章でも詳しく説明するが、たとえばそれまで小売業だったのが問屋に転業したい、あるいは問屋だったのがメーカーに転業したいといった場合、伊勢の大神様にお願いすると、六カ月から一年かけて準備してくださる。伊勢の大神様がそういう縁を結び、機運を運んで、新しい波を起こしてくれるわけだ。この他力の運用による波に乗っていけば、道は大きく開けてくる。

いずれにしても、他力の運用といった場合、神霊界から来る波を受けるのがポイントである。祈っていた内容に関するチャンスが巡ってきたなら、これはもう神様がおつくりくださったに違いないと感謝して積極的に乗っていく。「神様、ありがとうございました。何卒、これがまた成就いたしますように」と祈りながらずーっとやっていくと、来た波をパッとつかみ取ることができる。

一番目の自分の想いで縁を結ぶ場合には、勇気を持って恐れないでやっていけばいいわけだが、他力によって来た波の場合には神様に祈りながらやっていく。もちろん勇気を持って恐れないでやっていくことに変わりはないものの、神様にお願いしたことが返ってきたな、と実感した時には、祈りながらやっていったらうまくいく。要するに、他力がつくってくれた縁であり波であるから、他力と共に結実したらいいわけである。

「至誠天に通ずる祈り」をせよ

では、どうしたらこの他力が動くのかというと、「至誠天に通ずる祈り」、これがポイントである。これについては『神界からの神通力』をはじめ、あらゆる私の著書の中で一貫していっていることであって、神仏を動かすには誠しかない。

誠を貫けば、神仏がいつも加護してくれて、功徳もいっぱいくださるのだ。しかし、一口に誠といっても少しばかり抽象的である。頭の中で「誠だ、誠だ、誠が大事なんだ」と考えていても、それだけでは本当の誠とはいえない。また、「誠だ、誠だ、誠が大事なんだ」とつぶやいていても、これまた本当の誠ではない。あるいは誠の旗印を立てたって誠ではない。新撰組じゃないのだ。

では、天が受け取ってくれる誠とは何かというと、誠の実践である。心の中で「誠が大事なんだ」と思っているだけでなく、誠を実践する、これしかない。

とにもかくにも、誠を実践することが他力を動かす一番のポイントなのだが、「実践だ、実践だ、誠を実践することが大事なんだ」と思っているだけでは、何か漠然としていてなかなか実践に移せないに違いない。

そこで、誠を実践する時の極意をお教えしよう。その極意とは「誠の五段活用」というものである。

この「誠の五段活用」について解説すると、

――誠の五段活用――

一、わざわざ

二、さっそく

三、何度
四、手みやげ持参で
五、礼儀正しい言葉で

ということになる。

相手に何かおめでたいことや不幸なことがあったら、遠くからでもわざわざ行く。さっそく行く。何度も行く。そして手みやげ（菓子折り）持参で行く。それから麗しい丁寧な言葉で挨拶する。これが「誠の五段活用」である。

天に通ずる祈りとはどんな祈りかというと、単に念力が強いだけではダメ。念力だけでは天に通じないのだ。天に通ずる祈りには行ない、行動が伴わなければならないのである。

だから、わざわざ伊勢神宮まで行く。わざわざ熊野まで行く。これ、「誠の五段活用」の一番目である。

次に、さっそく行く。これが二番目である。

そして、何度も何度もお参りする。これは三番目。

それから、手みやげ持参で行く。これが四番目。

五番目は、恭《うやうや》しき真心のこもった言葉でご挨拶を申し上げる。

これだけの誠を尽くして初めて、「至誠天に通ずる祈り」になるのである。伊勢神宮までわざわざ行って、住吉大社までわざわざ行って、何度も何度も参拝する。そういう誠は神様がバーンと受けくださって、そして縁を結び、機運をつくってくださるのである。

こうして他力による波が起きてきて、感謝の祈りで進めていくと、縁をものにすることができる。

「ありがとうございました。お伊勢さんにお願いしたこと、すべて聞いていただきました。本当にありがとうございました」

と、祈りながら祈りながらその事柄を進めていくとものにできる。波を結実させることができるのである。

ところが、増長魔になったら波がなかなか得られない。他力が結んでくれた縁であるにもかかわらず、全部自分がやったんだと増長して神仏に感謝する心を忘れたら、波から外れてしまうのである。だから、いつも感謝の心を忘れない。すると、いつもいつも波を呼び込むことができるようになる。

天に祈りが通じる方法は、「誠」が一番！

これが他力の運用である。他力で縁を結び、機を呼び波に乗るということを具体的に説明すると、こういうことになるわけだが、最初にお話しした自力とこの他力の両方を活用したら、これは非常に強い。前向き積極的な想念と謙虚な心。攻撃と防御。これをうまくやっていくと波が長続きする。しかし、増長魔になったら波が止まる。この点には十二分に注意したいものである。

「波の三段活用」③——他人の援助で縁を結び、機を呼び波に乗る

以上、波の三段活用の第一、第二段階について説明したが、ここまでは結構知っている人も多くて、実際に活用している人も少なくないようだ。

ところが、これから説明する波の三段活用の三番目、すなわち「他人の援助で縁を結び、機を呼び波に乗る」となると、忘れている人が多い。特に、想念術とかイメージトレーニングなどをやっている人はこれを忘れやすい。

想念術をやっている人、あるいはまたナポレンヒルの成功術などを実践している人、こういう人はどうしても傲慢になりやすい。想念術などをやればたしかに縁も来るのだ

が、傲慢になってくるから、人に敬遠されて結局、運を逃してしまうのである。

「そんなに自分の想念によってものごとが成就するというのなら、一人でやればいいじゃないか」

「そんなにわが想いが実現するというのだったら、勝手にやったらいいだろう」

「そんなに一人でできるというのなら、どうぞご自由に」

そんな傲慢な人物には、誰だって協力しようという気持ちにならない。鼻持ちならないから、嫌らしいから、勝手にしろという気持ちになってしまう。

それは守護霊だって同じだ。

「そんなに自分一人の念で成就したというのなら、わしは守護するのはやめた」

産土の神様も、

「あんたみたいに傲慢な人間は守ってやらん。インドの蛇か、どこかの稲荷にでも守ってもらえ。わしら日本の神社の神様は、素朴で素直な子が好きなんだ」

というはずだ。人間にしても神仏にしても、自力ばかりの人間、傲慢な人間を嫌うのが普通である。

だから、想念術をやっている人とかイメージトレーニングをしている人というのはみんな、ある一定のレベルでストップしてしまうのだ。傲慢で鼻持ちならなくて嫌な感じがするから、神仏や他人様の援助が得られない。それで、あるところまでは開いていくものの、一定のレベルまで達したら、それ以上は頭打ちになってしまう。波が消えてしまって、二度と大きな波が来ないのである。

それから、一番目の自力と二番目の他力で止まってしまって、三番目を忘れている人にはこういうタイプもいる。周囲の人たちに協力してもらって何かやり遂げることができたのに、

「ああ、神様ありがとう。神様のおかげでやり遂げることができました」

と、神仏に感謝するばかり、協力してくれた人たちへの感謝をすっかり忘れてしまっている。こういう人も珍しくない。

そういう人は、お金を人から借りても、

「ああ、神様ありがとう。神様のおかげです」

と、神仏ばかりに心が向いていて、貸してくれた人へは感謝の一言もない。

「あのう、そのお金、ぼくが貸したんですけど……」

「あっ、そうでしたっけ」

銀行がせっかく安い利子でお金を貸してくれても、
「ああ、三宝荒神様ありがとう。やっぱり三宝荒神様の力は偉大だなあ」
と、一人悦に入っている。まあ、銀行には血も涙もないといえばたしかにそうかもしれないが、それでも銀行にも惻隠の情というものがある。そういう銀行さんの惻隠の情に対する感謝の心を忘れて、何でも神様のおかげだと思っている。たしかに神仏も働いてくれたろう。しかし、周囲の人たちも動いてくれたのである。

その人たちの真心に対する感謝の心、素直にありがとうといえる心、別な言葉でいえば礼節。これを忘れてしまうと、自力と他力を信じてやっていたとしても、社会では大きく開かない。たいして伸びない。イメージ力といってもたいしたことないし、他力の援助といってもたいしたことないのである。

ところが、他人の援助で縁を結び、機を呼び波に乗るという三番目がわかっている人は、大きく開いていく。何かあったらちゃんと礼節を忘れずに挨拶に行くし、迷惑をかけた時にはすぐに「すみませんでした」と謝罪することができる。だから、目上の人も大事にしてくれるし、友達も大事にしてくれる。社会で大きく道が開いていくわけだ。

この三番目だけでそれなりに成功を収めている人も、決して少なくない。それだけ人間社会における礼節というものは、人の運勢に大きく関わっているということなのである。

主一無適の礼節を持て

そういう礼節を持たなければいけない。礼節と敬。そういう心を堅持しながら人と接していると、他人様の援助が得られて、自ずから道が開けていくのだ。

この敬というのは何かというと、誠の状態にいることをいう。

セミナー等で何度も話すことだが、『主一無適』という言葉がある。一なるものを主として、左右に揺れ動かない。これが主一無適。右に左に揺れ動くことを適という。主一無適の信仰心というのは、神なるものを中心に見て、右に左に揺れ動かない。こういう状態にいるのを敬というわけだ。

敬については、垂加神道の山崎闇斎も説いている。山崎闇斎という人は元々は臨済宗の僧侶で、それから儒教を勉強し、それでも物足りないからといって吉川神道を勉強して、師匠の吉川惟足から垂加という名前をもらった人である。

この垂加というのは倭姫命世紀という、神道五部書の中にある言葉で、神様の功徳が垂れ、恵みを加えていただく、という意味。それで垂加神道というわけだが、神道の中での一つの大きな学説、反本地垂迹説を形成しているのがこの山崎闇斎の垂加神道である。神様が主で仏様が従。仏様は神様が化身して出てきたものだと説く反本地垂迹説。別名、学派神道ともいう。

それはともかく、山崎闇斎も敬を説いているのだが、闇斎は敬を「まこと」とか「つつしみ」と読ませている。なかなかいい読み方だと思う。

要するに、絶えず主一無適の状態にいて、この敬を持てば本当に神の御加護をいただけるのだと闇斎は説いているのだが、これはもちろん、人間社会でも同じこと。相手を讃えて尊敬し、礼節をもって接していれば、人の引き立てを受けることができるのだ。人とは、現実界の生ける神様、守護霊様である。肉体を持った守護霊のようなものである。

目上の人の引き立て、友達の引き立て、縁を結んでくれる人の協力を得て、事業でも何でも道が開けていく。人との縁が結ばれて、そこから機が出てくる。商売なら商機、商売の兆しが出てくるわけだ。その機は人を介してやってくるのである。

人望のある人というのは、やはり礼節の心を持っているし、敬の心を持っている人とお付き合いをしようとする。だから、敬の心のある人は、そういう人望のある人の引き立てと援助が得られるので、事業運も結婚運もどんどん開いていく。この引き立てと援助は宝物である。「宝は他から」というが、他人の援助というのはこうして得られるのである。

神の道に生きている人は、何があっても「神様のおかげだ」という。想念術をやっている人は、何があっても「想念の力だ」という。

しかし、そうではない。お父さんやお母さん、あるいは友達や先輩の引き立てと援助もあったから成功したのだ。このように、現実面とのバランスを保って見る必要がある。

社会で成功している人は、だいたいこの三つの要素をバランスよく具えている。イメージだけでもある程度うまくいくし、他力だけ、あるいは他人の援助だけでもある程度うまくいく。

さらに、自力と他力と他人の援助の三つを揃えれば、もう怖いものはない。確実に波をわがものとすることができ、波に乗れる。そして、よしんば一つが足りなくなっても再び波に乗れるのである。例えば、少しばかり波に乗りそこねても、他力の守護や人のアドバイスでも回復できる。

他力の援助が少々足りなくても、強いイメージ力と強い意志力があって、人が引き立ててくれたら、これまた回復できる。

他人の引き立てが少し足りなかったり、裏切りにあったりしても、神仏の加護があってイメージがよければ、よき人との縁が生まれてくる。

一般の人はだいたい三番目の他人の援助しかないが、これだけでもそれなりに成功している人はいる。しかし、三つ揃ったら並大抵の人ではない。並大抵な成功ではないような幸運が訪れるのは間違いない。

そういうことで、縁を結ぶ努力を一、二、三とやっていけば波に乗れるわけである。一、二、三の順番で、偏ることなくバランスよくやっていく。また、波が壊れていく順序も一、二、三の順序でやってくる。回復するにはやはり一、二、三の順序で実践すればよい。これが、並大抵ではない大きな波をつかむコツなのである。

これさえわかれば、イマイチ事業が発展しないと悩んでいる人も大丈夫。大きな飛躍はもう目の前にあるといっていいだろう。

貫き通すところに道は開ける

最後に、先に述べた「誠を尽くす」ということに関連して、人間の御魂《みたま》のよし悪しということを語ってみたい。

人間は誰でも御魂を持っている。その御魂にはよし悪しがある。まあ、人間性のよし悪しといい換えてもいいだろうが、御魂のよし悪しを見分ける場合、どこで審神《さにわ》（＝判断）するのかというと、その人が今日までどんな人生を送ってきたかを見る。つまり人生の足跡を見れば、その人の御魂がいいか悪いかはっきりとわかるのである。

口から出てくる言葉を見ただけではわからない。誰でもいいことを言うし、素晴らしい言葉を出す。心に思っていなくても、言うだけなら何でもいえるわけである。

だから、言葉だけ見ると時に誤魔化されることにもなりかねないが、人生の足跡は誤魔化しが利かない。だから、足跡をしっかり見ていれば誤りはないのである。

例え挫折があっても、それをバネにしてバーンと乗り越えてきたのか、挫折のままで終わってしまったのか。あるいは後ろ足で砂をかけるようなことをやってきたのか、人をけ落とすようなことをやってきたのか。こうした足跡はすべて、そのままが御魂の性質であり、御魂に刻まれたしるしである。

どんなことでもやり遂げた人、やりおおせた人、貫き通した人というのは荒魂《あらみたま》がしっかりした人。いつも誠で貫いてきたという足跡を残した人は素晴らしい御魂。今どんなに純粋で、どんなに誠に生きようと考えていても、その人の足跡をみたらいい加減だったという人は、その足跡どおりの御魂なのである。

その人の御魂が顕現し始めるのはだいたい一六、七歳。自我に目覚めるころだ。だから、一六、七歳のころに酒ばかり飲んでいたような人、女遊びばかりしていたような人は、元来がそういう御魂と見て間違いない。だいたい一六、七歳のころの自分、それが魂の奥に隠れている本当の自分なのである。

それから、男性は三〇歳ぐらいになると前世の自分、前世の御魂が顕現する。三〇歳になるまでどんな人生の足跡を残してきたかを見れば、だいたい御魂の傾向がわかる。だから、三〇歳に近い人は急いで、この足跡をつくらなければならない。足跡、つまり体験、実行を残していかなければならないのである。

いい御魂の人間であるかどうかは、そこをみればすぐにわかる。

巷には、われこそはメシアであるとか、われこそは救世主であるとか宣伝する人がいる。言葉は立派である。しかしその人が送ってきた人生の足跡を見れば一目瞭然。正神界の御魂であるかどうか、すぐに審神《さにわ》できるのである。

とにかく、足跡、それ以外にない。どんな理屈があろうが、どんな理由があろうが、そんなものは問題ではない。例えば「社長が気に入らなかったから会社を辞めたんだ」「上司のいうことが癪に触ったから辞めたんだ」「仕事が性分に合っていなかったから辞めたんだ」それぞれ理由はあるだろう。しかし、そういう足跡しか残せなかった人、道半ばでやめてしまった人は、やはり中途半端な御魂なのである。どんな理由があろうと、どんな屈辱があろうと、それをグッとこらえてやり遂げた人はよき御魂なのである。

だから、どんなことがあっても辛抱する。貫き通す。立派な足跡を残すよう努力する。おのれの御魂の神試しだから、神様が見ているから只今、只今を立派に生きようと努力するわけである。

素晴らしい御魂として神界に行くか、卑しい御魂として地獄界に行くか。それはすべて、一生涯の足跡で決まる。

境地ではない。境地というのは霊界であるから、どんなに高い境地境涯に至ったとしても、どんなに深い悟りを得たとしても、誰もが認め、神が認める立派な足跡を残さなければ神界には入れないのである。どんなに悟ってもそれだけではダメなのだ。悟りは仏様の世界だからだ。魂の世界、神の世界は、仏様の世界のもう一つ上にある。そこでは心の悟りは通用しない。足跡しか通用しないのだ。

だから、この現実世界でどういう生きざまを残したか。それが神界とつながる唯一のパイプであり、人生のすべてなのである。

菅原道真公がなぜ神様と崇められているのか。貫いたからである。あれだけの才能を発揮して生涯を貫いた菅原道真公、人生のすべてを至誠で貫いた楠木正成、諸葛孔明。誠を形で出し続け、一生涯を誠で締めくくった人はみんな、最高の御魂となって神界で輝いている。誠の生きざまを生涯貫き通した人であればあるほど、素晴らしい御魂となっているのである。

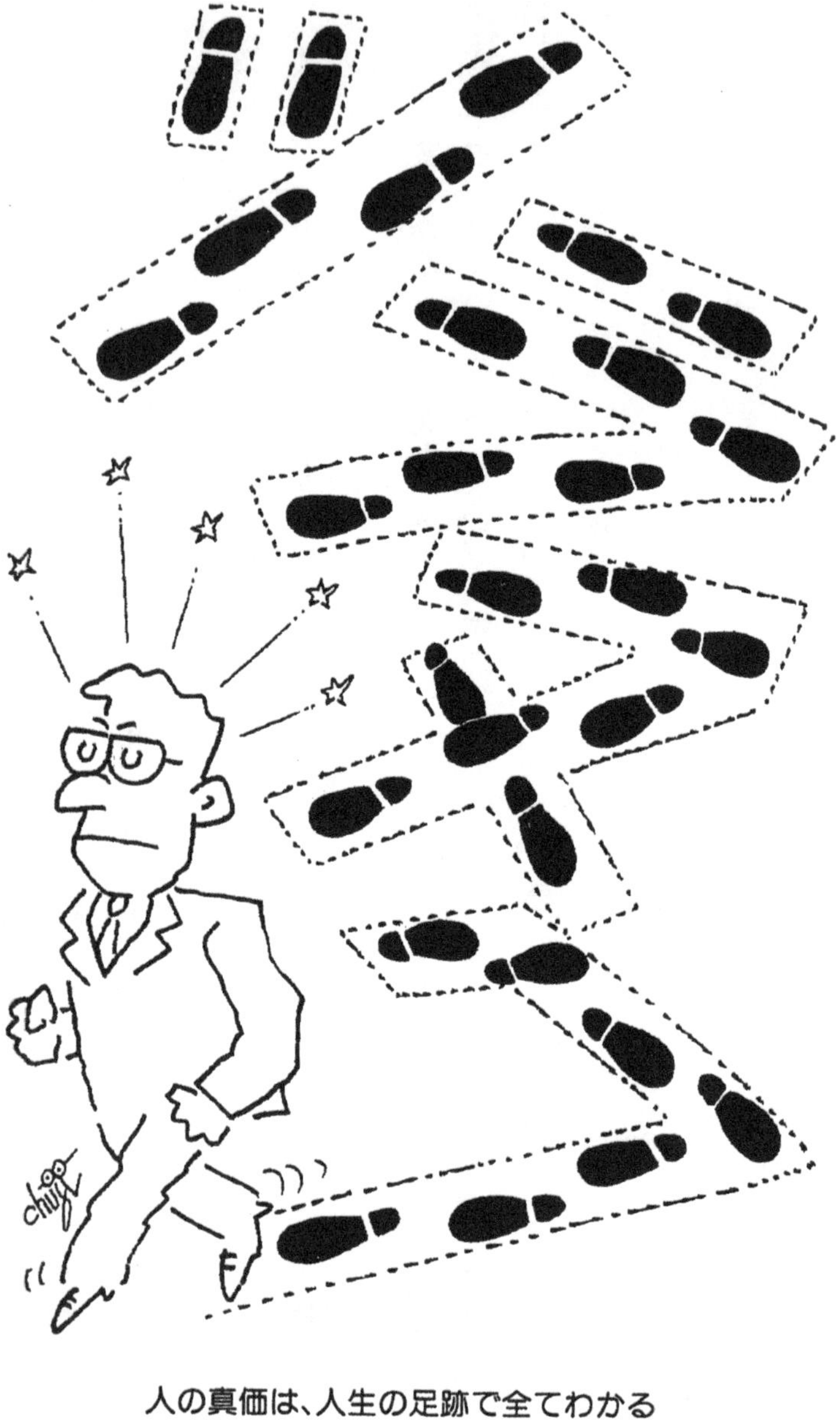

人の真価は、人生の足跡で全てわかる

試練とは貫く心が試されること

ところで、誠の生きざまとは、他人のためにやるのではない。世間のためでもなければ神社のためにやるのではない。それは神様とおのれの魂の勝負なのだ。

どんなにやりにくい人がいても、どんなに気に入らないやり方をされたとしても、環境が最悪であっても、おのれがどういう足跡を残すのか。それを神様が見ているわけだから、神様とおのれの魂との勝負、神試しなのである。

神試しだから当然、揺さぶりがある。その揺さぶりとは、具体的にいえば資金の逼迫だとか売上の低下だとか、あるいは極端な場合は倒産だとかといった、いろいろな試練である。揺さぶりがなければ誰でも立派な足跡を残せる。だが、人から中傷されたり誤解されたり、あるいは貧しかったり豊かすぎたりするとどうしても、ぐらついてしまう。そういう中にあっても、いかに誠を貫いて立派な足跡を残すおのれをつくっていくのか。そのために揺さぶりがあるわけだ。揺さぶられても動じぬおのれをつくるよう、神が試しているのである。

誰にでも揺さぶりがある。その揺さぶりの中でどの程度、誠を貫いたのか。誠で生き貫いたのか。これが神試しである。

だから、どんな試練や難局につきあたっても、いつもこれが神試しであり、神様との勝負であることを忘れぬことである。そしてくじけずに、天地神明に恥じない行い、天地神明に恥じない足跡を自分なりに残していけばいいのである。

これを死ぬまで貫き、おのれの中身をますます立派に磨いていく。これが修行というものの眼目である。人が問題ではない。環境が問題ではない。人のためにやるのではない。従業員のためにやるのでもない。すべては、神様とおのれの勝負なのである。

人のためにやっていると思うと長続きしない。従業員のために誠を貫くんだなんて思ってやっていると、従業員が離れていったり、裏切ったりすると、虚しくなってしまう。組織のためにと思ってやっていると、組織がバラバラになったら虚しくなってしまう。そんなことのためにと思ってやっていたら、平常心を失い、足跡が残せない。

だから、神様とおのれの魂、それしか考えない。会社、従業員、取引先は、それを磨くための教材にしかすぎないのである。すべての環境はおのれの魂、おのれの誠を磨く媒介にすぎないのである。

そうやっていついかなる時でも誠を貫き通せるおのれができ上がったら、天は絶対に裏切ることはない。全部受けてくださって、必ず成果として現してくださる。これはもう、絶対に間違いない。私は、一〇〇パーセント、いや一億パーセント、一〇億パーセント確信している。数えきれないほど体験させられているからである。

この原点に返っていたら、何の疑問もないはず。わだかまりなんかないはずである。誠という抽象的な言葉ではあるが、この誠を貫き通して、神も人も認めるような立派な足跡を残していく。そこにすべての成功の秘訣が隠されているのである。

●第五章●

神仏を経営に生かす法

人の精進努力が神仏を動かす

会社経営を押し進めていく上で一番頭の痛い問題は、いうまでもなく資金繰りである。月末の支払いがあるのに当座の資金がない。さあ、どうしたらいいのか、どうしたらこの窮地を脱出できるのか。そんな綱渡りをするような思いを味わったことのない経営者など、一人もいないだろう。

私も会社を興した当初、何度も何度も嫌というほど体験した。支払いがこんなにあるのに手元資金がない。もう銀行も貸してくれそうもない。ああ、どうしたらいいんだろう。どうしたら今月を乗りきることができるのだろう。

そんな時、水道の蛇口をひねったらジャーッとお金が出てこないものかとか、冷蔵庫の扉を開いたら札束がドサッと出てこないものかとか、いろいろと夢を巡らせたりしたが、やっぱり出てこなかった。まあ、水道の蛇口をひねったらお金がジャーッと出てくるなんてあろうはずもないが、苦労せずしてあの世から恵みがパッと下りてきたら、どんなにいいだろう。いついかなる時でもあの世から一〇〇パーセント恵みが来たら、どんなに楽だろう。それを実現する方法はないのだろうか。

そんなことばかり考えて私は、長い間いろいろと研究と体験を積んできた。というと、いかにも私が怠け者であるかのように聞こえるかもしれないが、そうではない。神仏と一つとなって経営を進めていくことは、私の人生のテーマである神人合一《しんじんごういつ》、つまり神と人とが一つになる法の重要な一分野であるのだ。そのために研究と体験を積んできたわけである。

その研究の成果をこれから紹介したいと思う。

さて、どうしたらいついかなる時でもあの世からの恵み、いい換えれば神仏の恵みをいただくことができるのかというと、前にも述べたように、人の世界での努力、根性、意力、これがまず必要となる。

一口に人の世界の努力というが、それこそが守護霊や神仏を動かす前提条件なのである。「喜んで援助してやろう」「助けてやろう」と守護神、守護霊をはじめいろいろな神々たちに一〇〇パーセント間違いなく動いていただくには、何よりもまず人の精進努力が要るわけだ。だから、先ほど「苦労せずしてあの世から恵みがパッと下りてきたら」と書いたが、そういうことは絶対にないのである。正しい神仏の加護を受けようとしたら、何よりも自分自身の精進努力、これが前提条件となるのである。

実は、その精進努力のあり方の一部を一章、二章で語ったわけである。この前提条件を満たさない人は恵みがあっても長続きしない。一回か二回はあっても決して長くは続かないのだ。

神仏にお願いすれば何でも聞いてくれるわけではない。やはり、人としての努力が要る。人間としてのギリギリの努力と、その努力を超えた神なる働き。この自力と他力が、縦糸と横糸のごとくガッチリ組んでスパークしないと、恵みとか妙力とか奇跡というものは起こらない。

このスパークのレベルはどういうものかというと、たとえば、「九九パーセントの努力と一パーセントのひらめき」というエジソンの言葉がある。これもある種の自力と他力のスパークをいっているのだが、これは並のレベルのスパーク。神人合一のレベルのスパークというのは、「一パーセントが人の努力で九九パーセントが他力」。これが本当の自力と他力のスパークである。

九九パーセントは絶大な他力による成果なのだけれど、その他力は人間の一パーセントがなければ動くことはない。さらに、この九九パーセントの他力を動かす一パーセン

力の限り努力すれば、神力が現れ、スパークし、
奇跡が起こる！

トの人の努力の量は、普通の人の三倍の努力量が要る。

それくらいの努力をしたという前提で神仏に祈れば、考えられないような恵み、奇跡を体験できるのだが、そういう精進努力、覚悟というものがなければ、これからお話しする内容はあまりにもおいしすぎる。うれしすぎる。そして、おいしくてうれしいことは長続きしない。うれしいこと、おいしいことを長続きさせるには、大変なことを辞さないで、逃げないでやっていこうという姿勢が要るのだ。この姿勢がなければ、何をやっても結局は成功しないのは天地の理である。

絶対神と顕現神

この、人としての努力という前提条件がわかったら、次は、どの神様・どの仏様にお願いするか、これがポイントになる。

このようなことをいうと、

「えっ、神様や仏様って、そんなにたくさんいるの？」

と、驚いたり怪訝な顔をする人もいる。特に、キリスト教に代表される一神教の影響を受けている人は、多神教の世界にはなかなかなじめないらしい。さらに私が、「神は唯一でもあるし、無数でもある」などと言うと、ますます混乱されるかもしれない。だがこれは、絶対神と顕現神の化身の様を知っていただければすぐにご理解いただけることと思う。前著『奇跡の開運』の中で、私はこう書いた。

「一口に神様といっても絶対神と顕現神がある。絶対神とは宇宙創造の主神のことであり、無限絶対無始無終、色なく形なく全知全能である唯一神のことだ。これは人智をまったく超えている。有限なる人間の知覚には、到底理解することも到達することもできない絶対的な存在次元にある神様のことだ。

顕現神とはそのわずか一部を司る神であり、個別の働きや個性を有して、人間に知覚できる姿や形をもって表される神様のことだ。またこれは、無限極から有限極に仮の姿で現れた時の、主神の化身であるともいえるだろう。そして、私たちが通常、神社で祈願しているのは顕現神のほうだ。以前、神界はいくつもあり神様はたくさんいらっしゃると書いたが、それは、すべて顕現神のことを指していると思っていただきたい」

これでだいたいおわかりになるだろう。

これから私がお話しするのは、顕現神の活用の仕方である。この顕現神にはそれぞれ専門分野がある。人に専門分野、専門業種があるように、神様の世界にも専門分野があるのだ。だから、何か困ったことがあったら、その専門の神様にお願いすると、大いに働いてもらえるのである。

そのことをしっかりと理解した上で読み進んでいただきたい。

ということで、いよいよ一番おいしい話をしていきたいと思う。

士気を高める時には青龍神《せいりゅうじん》

企業経営はすなわち戦いである、といって異を唱える人はいないだろう。現代はまさに経済戦争の時代であり、企業の経営者は戦国武将に相当する。少しでも枕を高くしていたら、すぐに敵に攻め滅ぼされてしまう。それくらいの厳しい戦の最中（さなか）に置かれているのがほかならぬ経営者なのだ。

もちろん、経営者一人では戦に勝つのは不可能だ。従業員全員が一丸となって企業戦争を戦い抜かなければとうてい勝ち目はない。

そのために、いかに従業員の士気を高め、これを維持するか、これが非常に重要になってくる。

こんな時、青龍神にお願いすると勇気百倍。智略とやる気と根性が、それこそふつふつと湧いてくるのである。従業員もなぜかわからないけれど、「やるぞー！」と燃えてくる。

この積極性、勇猛さが企業には必要にして不可欠である。くどいようだが、会社を構えたかぎり、内的戦い、外的戦いがあるのだ。それに常に勝っていかなければならない。そういう戦いに生きる人には青龍神が守護する。楠木正成、上杉謙信には毘沙門天の守護があったが、その毘沙門天とは実は青龍神の化身なのである。

だから、どうもやる気が起きない、社内が燃えていない、戦略戦術がイマイチはっきりしないというような時には、毘沙門天に祈願したらいいだろう。

改めていうまでもなく、企業経営には戦略と戦術が必要である。戦略が六割から七割、戦術が三割から四割。これは経営の常識だが、売れる商品をつくれば、売り方が少々まずくてもいい商品なのでいくらでもお客がやってくる。その売れる商品をいかにつくっていくのか、というのが戦略。

これとは逆に、まあまあの商品でも売り方がよければ売れる。そのいかに売っていくのか、というのが戦術だ。

戦略と戦術、この二つの要素が企業には求められているのだが、これを与えるのが青龍神なのである。もちろん、戦術にも秀でているが、どちらかというと戦略の智略を与えてくれる。企業が進むべき方向性を現実に則した形で示してくれるのである。

確たる戦略がない時、あるいは確たる戦略を持たない経営者は、青龍神に祈願して大いなる加護を受けたらいいだろう。

売上を伸ばすには蔵王権現《ざおうごんげん》

次は、売上を伸ばす時の他力の活用の仕方。売上が伸びない、売上が落ち込んでいる、というような場合には蔵王権現に祈願する。これがポイントである。

蔵王権現は売上を伸ばし、現実的な智恵を付与して、説得力を与える働きを持っているのだ。

一章で話したように、私はそば屋さんに行っても、ただ食べて「ああ、おいしかった」と帰ってくるようなことはしない。東北のそばと九州のそばの違い、つなぎを使っているそばと使っていないそばの違い。出し汁にしても、こんぶ出し汁とかつお出し汁の違い。そういうような話をそば屋さんから熱心に勉強するのである。そうすることによって、「ああ、売上を伸ばすには、こういうようなことをやればいいんだな」とひらめきを得るわけだ。

いわば、そういう智恵を蔵王権現は与えてくれ、その結果、売上を伸ばすことができるのである。

たとえば、証券会社の営業マンだったら、お客をいかに説得するかが勝負である。蔵王権現にお願いすると即座に現実的な智恵を与えて下さる。あるいはまた、返品交渉や値段交渉で「そこを何とか、お願いしますよ」という時、相手をグイグイ押していく力の源泉となって下さるのも、蔵王権現の力なのである。

私の場合は、そば屋や美容院に行っても、いくらでも智恵が湧いてくる。何か聞いて答えが来る。パッとまた聞いて、答えが来る。そんなキャッチボールをしながら、智恵がますます増幅して出てくるのは、蔵王権現のご守護をいただいているからにほかならない。私はもともと、粘り強いほうだが、蔵王権現にお願いした時には、より一層粘りが出てくる。

そのように蔵王権現は、売上を伸ばして会社を上昇、拡大していく時に必要な智恵を人の口を通して与えてくれるのである。

だから、美容院や飲食店などに行った場合、ボケーッとしていてはいけない。何だかわからないけどおいしかった、何だかわからないけどよかったというのでは、経営者失格である。どんなところに行く場合でも、何か一つは絶対に学習する。その気概を持ち、かつ蔵王権現に祈願して出かけていかなければならない。そうすれば、必ず何らかの智恵が与えられる。最小限度の学習で最大の叡智を得る。その叡智を与えて下さるのが蔵王権現なのである。

特に、銀行に融資を頼みに行く場合は、蔵王権現に祈願してから行ったら効果テキメン。断られても仕方のないようなケースでも、成功する確率がグッと高くなること請け合いである。

普通、銀行に融資を依頼する時には、融資係か調査の担当者に帳簿、事業計画書を見せなければならない。この場合、なきものをあたかもあるが如くいかに書くのか、また、あるものを一層素晴らしく見せるのかに勝負がかかっているのだが、蔵王権現にお願いすると、その説得力が不思議なくらい増すのである。

資金回収、売掛金回収は三宝荒神《さんぽうこうじん》

三番目は資金回収だ。売掛金の回収が停滞しているとか、月末になかなかお金が集まらないといったことで多くの経営者が苦労しているが、売掛金が回収できなくて「ちょっと危ないぞ」という時、あるいはよからぬところで手形を割っているというような情報が入った時には、なるべく早く回収したい。最悪、回収できなかった場合には被害をどれだけ食い止めるか。この判断が問題になる。

このように、資金回収の必要に迫られた時や、売掛金が多い時に働いて下さるのは三宝荒神である。

三宝荒神にお願いして相手方に出向いて行くと、おだやかに話そうとしても、自然と顔が厳しくなる。そして、「いつお返しいただけますか」と、声も一段と低くなり、ドスが利いてくる。

売掛金の回収に行く時の顔が三宝荒神、相手を説得するために滔々と語る時の顔は蔵王権現。自分の顔が変化するくらいに一体化する必要がある。そこまで祈りを極めて行けば、道は自ずから開けていくはずである。

資金回収と並んで重要なのが経費の削減。無駄な経費があったら、できるかぎり省くよう努めなければならない。封筒やコピー用紙を無駄に使ってはいないか、鉛筆は短くなるまで使っているか。まあ、そんな経費はたいしたことはないが、そういう細かいところまで気を配る。そうしないと、知らず知らずのうちに出費が多くなる。

そこで、多くの企業では「経費削減！」とスローガンに掲げたりするわけだが、それで削減されたためしがない。

そんな時にこそ、三宝荒神にお願いするのである。三宝荒神によくお願いして発願すると、経営者自らがビシッとしてきて、経費がどんどん削減されていく。無駄な経費がどんどん落ちていくのである。

さらに、デッドストックの処理にも三宝荒神様が力を発揮される。

デッドストックを、単なる在庫あるいは「モノが眠っているな」ぐらいにしか見ないような経営者は、まさかいないであろう。デッドストックとは、要するにキャッシュが眠っているのと同じだ。在庫に対しても税金はかかるのだから、キャッシュと同じなのである。

たとえば、八〇〇万円のデッドストックがあったら、昔は六五パーセントの五二〇万円が税金でもっていかれた。これは大きい。だから当然、決算前になったらデッドストックは処分する必要がある。

しかし、前にも記したように、処分するのは最悪のケースのみに限る。必要な回転在庫は残しておかなければならないから、デッドストックがあっても、これを売っていくという前向きの努力を生ずるべきであろう。

一番いいのは売ることだが、その場合、原価を割ってでも売るか、バーゲンをやるかなど、最終的にどう処分するのかに焦点を当てて智恵を絞るべきだ。

そのデッドストックを処理する智恵、これを司るのが三宝荒神である。もちろん、自分でもいろいろ方法を考えなければならないが、「三宝荒神様！」と一心に祈り、「デッドストックがこれだけあります。決算がもう三カ月、四カ月先に迫っております。願わくば、よりよき処理方法を何らかの形でお示しください」

どうしたらデッドストックを売りさばけるのか。売りさばくことができなければ、何らかの方で処理するしかないが、その処理方法を三宝荒神にお願いするのである。祈るだけ祈ったら、あとはあまり執着しすぎぬように祈ったことを忘れておく。そして神頼みよりもある意味で重要な、現実的な努力に全力をそそぐ。そして二、三日後に会議を開くと、「こういうふうにしましょう」「ああいうふうにしましょう」と、自然に従業員が発案してくるようになる。要するに、デッドストックをなくそうという霊界ができるわけだ。

必要在庫だけ残して、あとをどう処分するか。それはみんな三宝荒神の智恵なのである。三宝荒神にお願いすると、デッドストックをなくそうという霊界ができて、従業員もわけもわからず「デッドストックをなくさねばいかん」と意識するようになり、「こうしたらいいんじゃないですか」と発案してくる。その従業員の顔を見たら、三宝荒神のような顔をしているはずだ。

一般的に、資金を回収するとかデッドストックを処理する時には、意志の力が要る。もともと意志の強い人にとってはそれほど辛い作業ではないが、気持ちがやさしい人、善人と呼ばれる人にとってはかなり辛いことに違いない。「こんなことをいったら、相手を苦しませることになるんじゃないだろうか、相手に悪いんじゃないだろうか」。ついつい情にほだされて厳しいことがいえなくなってしまう人も多いはずだ。

ところが、そういう人でも三宝荒神にお願いすると、人間の中身が変わってしまう。

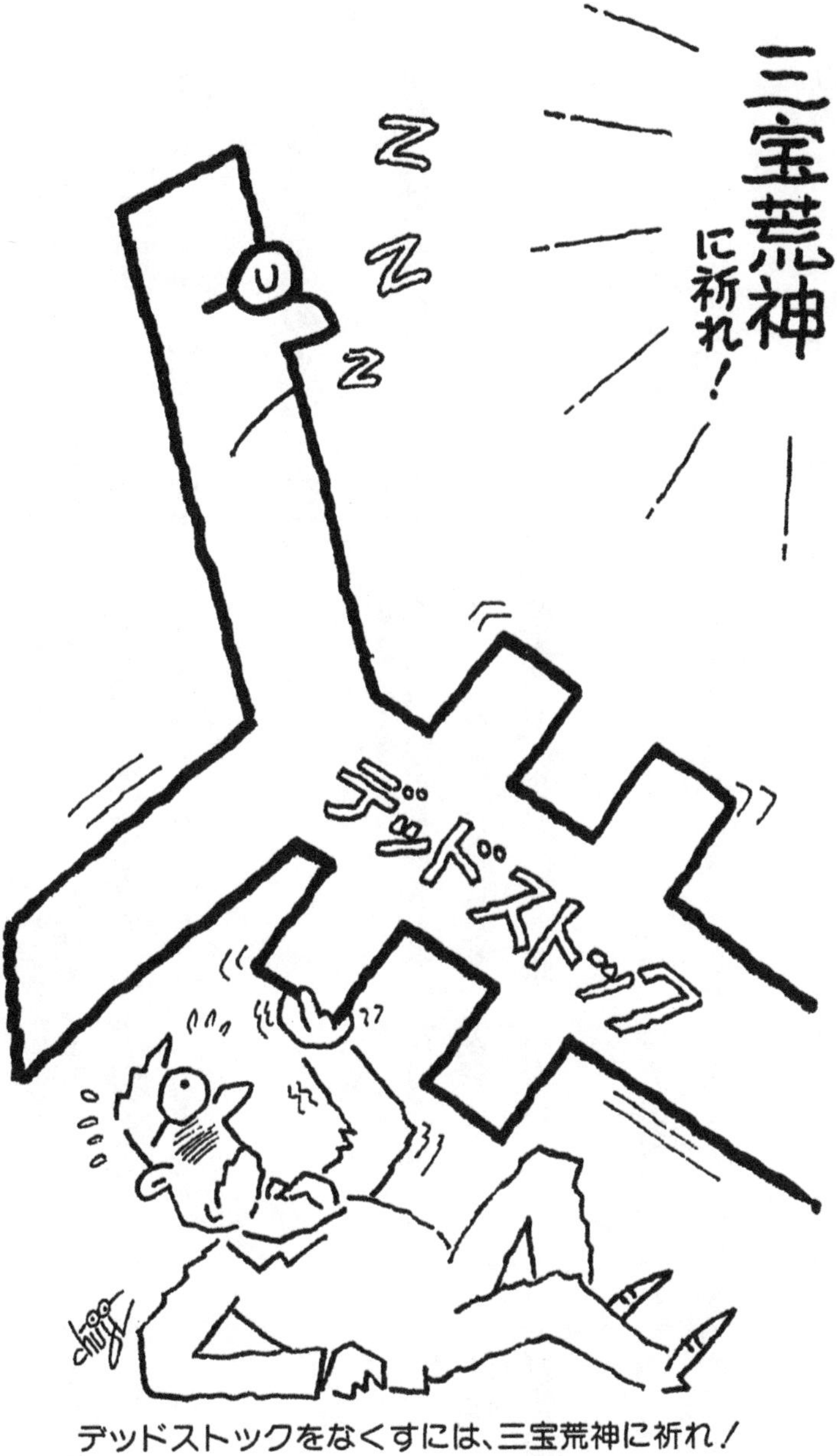

デッドストックをなくすには、三宝荒神に祈れ！

「やるぞ!」という意識とパワーに満ち溢れてくるのだ。

人間の意志なんて、案外弱いものである。いくら意識しても、なかなか強い意志は保てないのが現実だ。しかし、三宝荒神にお願いすると、何かわからないけれど「やるぞ!」という意志の力がふつふつと湧き出てくるのである。

集客力を高めるのは三面大黒天《さんめんだいこくてん》

四番目は、いかにお客に来てもらうか。つまり集客力の問題である。

どうしたらお客が来るのか。どういう営業努力をしたらお客が集まるのか。これは、客商売をしている人には切実な問題である。現に、客が集まらないで困っている経営者は少なくない。

では、どうしたら集客力が高まるのかというと、これは三面大黒天にお願いするのが一番である。三面大黒天にお願いすると、不思議なくらいにお客が集まってくるのである。

私が教育産業に乗り出して、最初に生徒を募集した時、何だかわからないけれど知らないうちに入学していたという生徒がたくさんいた。

「君、どうして入学したの？」

「ほかのところに行くつもりだったんだけど、駅に着いたら看板が目について、気がついたら入学していたんです」

「入学する気がなかったのに、なぜ入学したの？」

「自分でもよくわかりません」

その子にわからなくても、私にはわかる。必死の思いで「三面大黒天、縁ある人はもちろんのこと縁なき人まで導きたまえ」と祈ったのだから。

「生徒から生徒への紹介、先生から先生への紹介、先輩から後輩への紹介。それからチラシ、新聞広告を見た人。さらにはふらっと駅に来た人。縁（えにし）ある人、ない人、すべて導きたまえ」

と、具体的に祈ったわけである。そうしたら、本当に駅にふらっと来た人がふらっとやってきて、気がついたら入学していたという子が驚くほどたくさんいたのである。三面大黒天の偉大なる力が顕現したのである。

だから、特に人の紹介や人との縁というものが、盛衰に深く影響する、美容院・エステティック・不動産（特に今は不動産関係の仕事は大変だが）などの業種では、三面大黒天への祈りを極めることが開運につながる早道だろう。

例えば、お客が来なくて困っている、問い合わせがなくて不安だ、というような時にはまずチラシを打つ。しかし、ただ打つのではない。チラシを打つ前日ぐらいから三面大黒天に祈りに祈って祈りまくる。もちろんチラシを打った日も朝からずーっと祈る。そうして、問い合わせの件数を見れば、お祈りした時とお祈りしなかった時の違いが明々白々となるはずである。二割、三割増は当たり前。五割、六割増なんてことも珍しくない。その違いは、実験したらすぐにわかるはずだ。

美容院にしろ不動産、飲食店にしろ、客商売は何でも三面大黒天。実にありがたい存在だ。まあ、病院とか歯医者ではチラシを打つなんてわけにはいかないが、それでも祈れば三面大黒天は働いてくれる。

お客さんの紹介、人から人への縁でやっていく仕事。美容院、病院、不動産、飲食店。三面大黒天はその専門の神様である。だから、客商売の人は是非とも三面大黒天を活用するようお勧めする。

ただし、言うまでもないことだが、これらは人としての最大限の努力の上に、神が加勢してくれるものであることを忘れてはならない。その努力をしないで、神様から与えられるのを待っていたのでは、成功はまず不可能。しかし、人の三倍の努力をした結果、神仏が「そこまでやったのなら守ってやろう」ということになったら、一〇〇倍、一〇〇〇倍の実績となって表われる。これが神人合一の道である。そして、そういう神々の働きの中で、人と人との縁を取り持つのが三面大黒天なのである。

権現《ごんげん》を活用する時のポイント――必ず言葉に出してお願いせよ！

ところで、ここまでに上げた四柱の神様には共通点がある。それは何かというと、すべて権現の位の神であるということ。青龍神にしても蔵王権現にしても三宝荒神、あるいは三面大黒天にしてもみんな権現の位の神様なのである。

その権現《ごんげん》の位の神様に働いてもらうには、忘れてならない重要なポイントがある。それは、お願いする時には必ず言葉に出して具体的にいう、ということ。権現の位の神様は、具体的に言葉に出してお願いすれば働いて下さるが、言葉に出して言わない時には働いて下さらないのだ。だから、毎回毎回、こまめに言葉に出してお願いする。これを忘れないようにしたい。

具体的に言葉で言わなければ働いてくれないという点では、従業員も同じである。マネージャーや部長クラスの人間なら咀嚼力があるから、具体的に細かく言わなくても、こちらが方針さえ示せば、その意を汲んで自主的に動いてくれる。ところが、末端の従業員はこと細かく言わなければ動かない。命令すれば動くが、命令しなければ動かず、ボケーッとしている。もちろん、末端の従業員でも気の利くタイプもいるにはいるが、大半は言わなければ動かない。

そのように、権現の位の神様は、こちらが具体的に言わなければ動かれないのである。自主的に判断して動くということはない。とはいっても、末端従業員レベルというわけでは決してない。ものすごい働きをされる神様なのだが、それは、こちらが具体的に言葉に出していった時だけなのだ。お姿を想えば、こちらを向いて光っては下さるが、何もして下さらない。言葉に出して言うと、「わかった。やってやろう」とはじめて動かれるのである。だから、これらの神様にお願いする時には、できるだけ具体的に言わなければいけない。

ただし、毎日毎日、くどくどといっているとこちらも疲れる。そこで、毎日ごあいさつするつもりである程度のお祈りはしておいて、ここ一番の時、たとえばチラシを打った時とか月末とか、あるいは銀行や取引先と交渉する時に、目一杯祈るようにしたらいいだろう。そうすれば、違いがありありとわかるはず。現実に近い神様だから、極端なくらいによく働いて下さるのである。

転職、転業は伊勢神宮

ここからは大きな働きをする神様、位の高い神様の話になるが、権現の位の神様と違って、位の高い神様は方向性さえ言えばそれで働いて下さる。一日一回、あるいは月に一回、恭しく祈願すれば働いて下さる。それが、大きな働きをする神様、位の高い神様と権現の位の神様の大きな違いである。

その大きな働きをする神様、位の高い神様は数多くいらっしゃるが、中心となるのは何といっても伊勢の神様である。

太陽神・天照大御神を御祭神に戴き、日本人の心の故郷としてあまねく信仰を集めている伊勢神宮。この伊勢の神様の働きは、諸事万端にわたっていてとても一言ではいい表せないが、事業に関していえば業種の転換、つまり異業種への転換、転出を図る時に大きく働いて下さる神様である。会社だったら業種転換、個人なら転職、いずれにしても、大きく方向転換を図る時に働いてくださる神様なのである。

たとえば、これまで不動産業を営んできたが出版業に転換したいとか、飲食業をやってきたが食品販売に転換したいとか、異業種へ転換しようという場合に伊勢の神様にお願いすると、正しい導きが得られる。天から見て、転業や転職が時宜を得ていなければ、それなりの兆しがあるし、「よろしい!」ということであれば、道が自然に整う。こうした大きな方向転換をする時に働かれる神様が伊勢の神である。

だから、年に一度は伊勢神宮に参詣して、「何卒、会社のことをお願いいたします」と祈ると良い。すると、自分にふさわしくない業種であったり、あるいはどこか中途半端で、このままでは危ないぞという場合には、自分の得意な、またはやっていけそうな業種に変わるとか、その仕事は持ったまま二足のわらじをはくとか、大きく環境が変化することが多い。業種を転換する必要と希望がある人が伊勢神宮に参詣すると、環境を調えてくださるのだ。

ただし、調うまでには一年から二年はかかる。どんなに早くても半年はかかる。大きな働きをする神様は、大転換を成し遂げて下さるだけにそのぶん時間もかかるのである。

私が所長を務める菱菱総研では、毎年三～四回、経営に特効のある神社仏閣に会員の皆さんと共に団体参拝を行なっている。無論、私が詳細に審神した結果「ここは間違いない！」という素晴らしい神力のご神霊が坐す神社ばかりである。先ほど挙げた三宝荒神や毘沙門天他、何の弊害もなく、しかも確実に功徳のある、頼れる神仏ばかりを巡るのだ。伊勢神宮にも、その一環として毎年参拝しているが、今から五年くらい前だったろうか、こんなことがあった。

菱菱総研の会員の一人にMさんという人がいる。そのMさん、当時は健康食品を扱っていたのだが、私が祈っていると、Mさんの将来に対する伊勢の大神様の託宣があった。

「三年後、伊勢の神徳により、この者の道は大きく変わり、大発展を遂げているであろう」

そこで、のちほどMさんを呼んで、

「Mさん、あなたは三年後、今とはまったく違うことをして大成功していますよ」

と告げたが、当のMさん、その意味がよくわからなかったらしく、

「エッ、そうですか。どういうことなんでしょうね」

と、怪訝な顔をするばかり。

ところがどうだろう。それから三年後、伊勢の大神様のご託宣どおり、Mさんは業種転換をして大きな成功を遂げたのである。

前述の通り、Mさんは当時、健康食品を扱っていたのだが、その後、家の事情で税理事務所を開設された。Mさんは大学時代に税理士の資格を取得していたのだ。それで税理事務所を開設されたわけだが、その税理事務所も普通の税理事務所ではない。相続税を専門にする税理事務所である。これがズバリ的中。今では大阪と東京の二カ所に拠点を設けるまでになり、大阪には自社ビルを持つまでの成功を収めている。

Mさんは今でも、毎年欠かさず伊勢参拝を続けていらっしゃる。そして、

「いやあ、これも伊勢の大神様のおかげです。あの時はどういう意味なのかさっぱりわかりませんでしたが、お伊勢さんがずっと道を調えてくださったんですね」

とおっしゃる。敬神の情篤きMさんの上に、伊勢の大神力が発動され、ご託宣がまさに一〇〇パーセント的中したわけである。

もちろん、Mさんも大変な努力と研究をされた。税理事務所を開設するために一年、

転職・転業で成功したいなら、伊勢の大神に祈れ！

二年、懸命に努力されて、同じ税理事務所でも相続税専門にしようと研究に研究を重ねられた。相続税専門の税理事務所というのはなかなかないらしい。それだけの研究と努力。まさに、一章に記した徹底した研究と努力を積み重ねたからこそ、ほかにはない特色を打ち出すことに成功したわけだ。

その研究、努力と、伊勢の大神様の導きが見事にスパークしたのだ。自力と他力が十字に組んだ。それによって成功した典型的な事例といえるだろう。

売上向上と売上確保は産土《うぶすな》の神

次に、売上向上と売上確保の神様はどなたであろうか。

売上が伸びない、売上が落ちている、というようでは会社は危ない。そのまま推移していけば、近い将来、必ず倒産の危機を迎えることになる。

こういう時には、何よりもまず産土《うぶすな》神社に参詣して祈願することが大事だ。産土の神様は、売上向上と売上確保に絶大なるパワーを発揮されるのである。(ところで、産土の神様と言っても、若い方々の中には何のことか分からない方も多いようだ。簡単に言えば産土神とは、自分の生まれた土地、住んでいる土地の神社の神様のことである。詳しくは拙著『奇跡の開運』をご参照されたい）

しかし、一口に産土の神といってもいろいろある。神主もおらず、いかにも廃れてしまったような産土神社では祈願したところで、ほとんど役に立たない。『神界からの神通力』を初め、これまでの著書の中で繰り返し述べてきたが、神主もおらず玉砂利や森のない、荒廃した神社には御神霊はまずいない。御神霊どころか邪気、邪霊が徘徊しているのが普通だ。

もし、そういう神社だったら、自分が住んでいるところの産土だからといって参詣する必要はない。いや、しないほうがいいだろう。そんな産土神社より、もっと大物でちゃんとした御神霊が確実にいらっしゃる神社に参る方がよい。関東だったら箱根神社、関西だったら住吉大社などの、大神力を持った神社に参詣するようにしたい。毎月一回お参りし、お参りしない日は、その神社を思い浮かべながら祝詞を上げていれば、売上向上と売上確保が実現する。とにかく、力のある、権威のある産土神社を選んでお参りすることが肝要である。

お参りした時としない時の違いは、権現ほど明白ではないが、毎月一回お参りして月次決算してみると、お参りした時には二割から三割、多い時には四割近く売上が向上することもある。最悪でも落ちることはない。

産土の神様の特徴は、お願いするとすぐに結果が現われることである。これが伊勢神宮の場合は前述のように、その結果が出てくるまでに一年、二年かかる。だから、目前の上半期、下半期が心配だという時には、伊勢神宮ほどのスケールの大きな神社に参詣するよりも、威力と権威のある産土神社に参詣したほうがいい。どの神社に成功と権威を持つ御神霊がいらっしゃるかは、『奇跡の開運』をご参照されたい。

産土神様に祈れば、バシッと結果が出てくる。早い時にはその日のうち、遅くとも三日、四日、一週間で出てくる。

売上が伸びない、売上が落ち込んでいるということで悩んでいたら、産土の神様が一番である。必ずや大きく働いてくれるはずである。

売上の柱をつくるのは諏訪《すわ》大社

三番目は、売上の柱をつくることである。

これは、特に中小企業にとって重要な要素である。確たる売上の柱がない、確たる固定客がない、というようではちょっとしたことですぐに経営基盤が揺らぎ、倒産の憂き目を見ないともかぎらない。

それだけに、経営者にとっては売上の柱をつくっていくことは重要なテーマである。これは実は、諏訪の神様にお願いすれば、大きく働いていただけるのだ。

清らかで麗しい諏訪湖のほとりに鎮座まします諏訪大社。大自然の中に壮大なる大神霊界を形成している諏訪大社。あの諏訪大社は一口では説明できないほどの多種多様な働きをされるが、会社経営ということに絞っていえば、売上の柱をつくる働き。これに秀でている神様である。

経営者なら誰でも二八（にっぱち）の法則を知っているだろう。売上の八〇パーセントは二〇パーセントの顧客によってまかなわれている、売上の八割は上得意のお客によってまかなわれている、というのが二八の法則である。

その八〇パーセントの売上をもたらす二〇パーセントの顧客、つまり上得意がないという場合、あるいは売上の柱となる二〇パーセントの商品がないという場合、諏訪大社にお参りして祈願すると、中心となる売れ筋商品や中心となる顧客をつくって下さる。

売上の柱がないというのは、企業にとっていわば「スワッ、一大事」である。その「スワッ、一大事」から救ってくださるのが、諏訪大社なのだ。

私は、さまざまな講演会、セミナーなどの機会をとらえて、「諏訪の神様は無から有を生じる神様である」といってきたが、無から有を生じるといっても、いろいろな意味があるのだ。

売上の維持は鹿島《かしま》神宮

次は、売上の柱はすでにあり、その柱を守り売上をいかに維持していくのかという問題。これも、経営者にとっては結構頭の痛いテーマである。

「創業守成」という言葉がある。『唐書』に見られる有名な言葉で、「創業は易く、守成は難し」ともいう。徳川家康が好んだ言葉だ。その意味は何かというと、これは読んで字の如く、「新しい事業を始めたり天下を取ることよりも、それをもり立てて維持していくほうが難しい」ということ。英雄は無から有を生み出して国を治め、天下を統一していくわけだが、統一したあと、その天下をいかに平穏無事に維持していくのか。平穏無事に維持していくほうがはるかに難しいというのが、『唐書』の「創業守成」という言葉である。

その『唐書』を徳川家康が愛読していたわけだが、本当に守っていくということは難しい。

ボクシングでも、チャンピオンになるよりも防衛戦のほうが難しいといわれている。挑戦する時は燃えているが、燃えて挑んでくる相手から守り通すとなると、本当に難しい。一人を退けたと思ったら、すぐにまた別の挑戦者、これをまた退けたと思ったらまた次と、その精神的緊張は計り知れないものがある。だいたい七回か八回が限度で、あのマイク・タイソンのような強者でも、おのれ自身の葛藤を克服できずに負けてしまった。

だから、のしていく時より守るほうが圧倒的に難しいのだが、その時に守護して下さるのが実は鹿島の神様なのである。しかし、守るといっても守るものが何もないのでは、これまた困る。この場合には、前述のように、諏訪の神様に売上の柱をつくっていただく方が先決である。

そのことについては『奇跡の開運』で詳しく述べているので、その一部を少々長目に引用してみたい。
「政界、財界、労働界、あるいは小なりといえども組織を束ねる者は、何をさしおいても鹿島詣でをすべきで、気力、体力、実力、権力、執務実行力を十二分に授かることだろう。

私は関東在住の方々に、何かの時には箱根神社への参詣を勧めてきた。それは、箱根神社の御祭神と御眷属の霊力の絶対量がとてつもなく大きなもので、それが関東においては、随一の大祈願成就力となっているからである。

ところが、神社の御祭神そのものの霊力、神力、成就力に関しては、この鹿島神宮の神様が一番なのである。格が違う、段が違う、次元が違うといったほうがいいかもしれない。無論、神様であるから、どんな願いでもオールマイティにかなえてくださるが、特に、霊威や権力、気力、執務実行力のご守護の冴えに関しては、箱根大神の四倍ぐらいの強さがある。

つまり、剣の守護の分野に関しては圧倒的に日本一であり、天下無双の強力度なのである。

それは、天孫降臨の砌（みぎり）、神武天皇建国の砌、いずれも絶大なる神力を発揮され、それなくしては皇業の一切が成立しなかったほどの、偉大な神功を建てられた歴史を見ればわかる。

ところで、今度は鹿島の功徳のいただき方についてもっと具体的に説明しよう。たとえば、関東で初めて衆議院や県会議員に立候補する時には諏訪大社、当選して二回目以降の名誉と権力の保持のための選挙には、まず第一に鹿島神宮。むろん、後者の場合でも、一回目にお世話になった神社には、お礼参りは欠かしてはならない。会社でいえば、創業と、売上の柱ができて会社としての基盤ができるまでが諏訪大社、ある程度出来上がってからが鹿島神宮である。むろん、後者の場合でも、諏訪に対するお礼と追加祈願はもちろん、鹿島神宮に早いうちからお参りしても結構。要は、今自分が置かれている状況に合わせて、参拝する神社や回数を調節し、力点を置き換えたらよいのである。それが、神社の神霊のお働きを真に理解し、正しい功徳を授かることにつながるのである。神様は、功徳を出し惜しみされるということはない。

ただ、人が御神霊の役割やお働きを真に理解し、正神界の法則にかなう誠で接さないだけである。いかなる人にも功徳をたくさん授けたいと、神々は日夜御心をくだいておられるのだが、神霊界の定めごとがあるので、それにかなうようにこちらが向かった分だけしか、御神徳を世に発揮することができないのである。

悪い言葉でいえば、神社の神様を自分のために活用していることになるのだが、それは行動が伴った真心から発せられる願いであり、本当にその人のためになり、また周囲の人々のためにもなるものならば、神々は、大喜びで活用されることを歓迎されるのである。それが親心というものであり、神社の神様の御心とは、すべてがそういうありがたいものなのである」

少し長くなったが、これで鹿島の神様の働きがだいたいおわかりいただけたことと思う。

体験の中からしか極意は生まれない

だいたい以上が、経営を押し進めていく上での神々様の活用法、神々様を動かす法である。

ここに書いたように、それぞれの神様には役割と専門分野がある。それに合わせて祈願していけば、絶大なる功徳がいただけるのは間違いない。そう断言できるのも、私自身が何度も何度も体験してきたからである。

私は、文献を漁ったり頭で考えてこんな本を書いているのではない。すべて、私自身の体験に基づいて書いているのである。自分自身、体験することもなく、「あそこの神様はこういう働きがありますよ」「この仏様はこういう功徳がありますよ」などと言ったら、それは虚偽になる。

経営でもゴルフでも音楽でも、何かを習得しようとする時は体験するしかない。何度も何度も失敗し、それでもくじけずチャレンジしていく中で極意を体得する。これが、物事を習得していく場合の方程式、絶対の方程式である。頭で考えるだけでは何もわからない。何も習得できない。「習うより慣れろ」という言葉があるが、まさにそのとおり。体験し、体験し、体験していく中でしか極意は体得できないのである。

私はこれまで体験主義を貫いてきた。経営でも芸術でも、何でも体験主義である。体験の裏付けのない人の話にはあまり耳を傾けなかった。それくらい、体験というものを重視してきたのである。

この章でお話しした神々様の活用法にしてもそうである。最初から神様が私に教えて下さったわけではないのだ。

ある日突然、わけもなく「今度は、これをやりなさい」と神様の命令がある。そう言われれば、こちらとしてはやるしかない。しかし、その道は平坦ではない。平坦どころか、山あり谷ありのそれはそれは険しい道である。その険しい中をくじけることなく、「これでもか！　これでもか！」とチャレンジし続けることによって、ある日、「極意がわかった！」と快哉を叫ぶ。そこでさっそく、

「神様、わかりました」

というと、

「やっとわかったか」

という返事。何と冷たい言葉、何と無慈悲な言葉。「それなら、最初から教えてくれたらいいだろうに」と何度も思ったものだが、実は、最初から教えないから教えが残るのである。最初に言葉で教えたら、何も残らない。頭に入ったものはすぐに消えていく。魂で学んだものは残っていく。その魂の学習は体験しかない。何度も何度も体験し、痛い思いを味わってきたからノウハウが残るのである。

このことについて語るだけでも相当の紙数になるのでこのくらいにしておくが、とにかく、この章で書いたことはすべて私の体験に基づくものである。是非とも実行してい

ただきたい。必ずや、その結果に驚かれるはずである。

なお、ここに上げた神仏の祀り方、および祈りの仕方については『強運』や『大金運』、『奇跡の開運』に詳しく書いてあるので、それらを参照していただきたい。

経営者諸氏が、この本をあますところなく活用され、ワンランクもツーランクも上の大成功をおさめて下されば、望外の喜びである。なお、私や菱菱総研に興味を持たれた方は、ぜひ私どもの「タメカンセミナー」にご参加いただきたいと思う。「タメカンセミナー」とは、「タメになり、感動するセミナー」のこと。さらにつっこんだ内容の「絶対に成功する経営」の極意を、ご紹介いたしましょう。それでは、またどこかのセミナー会場で、皆様とお会いできる日を楽しみに。

深見東州先生が所長を務める経営コンサルティング会社
「㈱菱菱総研《びしびしそうけん》」（略称「菱研《びしけん》」、英語名「B.C.CONSULTING」）のご紹介

神霊研究家・宗教家としても著名で、また自ら十数社の会社経営に携わっている深見東州先生が、所長を務める経営コンサルティング会社、それが㈱菱菱総研（略称、菱研）です。18年間の会社経営の実体験から出てくる的確なアドバイスと未来予測により、これまでに多くの悩める経営者達が救われています。

従来、「経営コンサルタントが会社経営をして成功した試しがない」と言われてきました。経営者は、聞こえがよい理論などを求めているのではなく、実際の経営の中にある呻吟、葛藤、悩みを具体的に解決する方法を求めています。にもかかわらず、自ら会社経営の経験もなく、その呻吟も感じたことがないコンサルタントでは、その悩みに答え切れないのも当然でありましょう。

しかし深見先生の場合は、経済や経営の理論は勿論、自ら経営者として成功を納め、会社の経営者の折々の気持ちを、肌で感じながらコンサルティングを行なっています。

さらに、禅や四書五経などの、古今東西の古典や人間哲理に精通し、その奥深くて温かい指導は、常に経営者の胸を打ち、やる気と勇気を鼓舞致します。そして、そこに神霊家としての未来予測が加わるのです。これが菱研の大きな特色であり、今まで沢山の企業の業績を向上させてきた理由です。

ところで、経営者として、どのように信仰と経営を両立させるかという点も、菱研の探求するテーマのひとつであります。

世に名を残した経営者は、公にしない場合が多いものの、そのほとんどは何らかの信仰を持った方々でありました。有名なところを挙げると、松下幸之助氏は自分で作った「根源神社」を朝夕拝み、また「弁天宗」や石清水八幡宮等の熱心な崇敬者でありました。出光興産の出光佐三氏は熱心な宗像大社信仰、西武の創始者である堤康次郎氏は熱烈な箱根神社信仰、京セラの稲森氏は「生長の家」、協和発酵の加藤氏は在家仏教、キャノンの御手洗氏は観音信仰、土光氏は法華経信仰…等、枚挙にいとまがありません。こうした経営者は皆、普遍的な信仰と経営を両立させていました。そして事業を通じ、世に善なる影響力を発揮して、社会や従業員を繁栄を通じて幸せにしてきたのです。

一般的に言えば、企業においては取締役クラスなど、社会的影響力が大きく、また自らの責任を自覚している人ほど、普遍的な意味での信仰心を持っているケースが多いと言えましょう。とりわけ中小企業の場合は、一つ決断を誤れば即倒産という危機を迎える可能性があります。その緊迫の中で、孤独を痛感し、未来への不安や恐怖の中で責任を全うするべく、信念の基となる信仰が自然に芽生え、また、努力だけではない運・不運の現実の運営や人との出会いの不思議さを感ずるなどして、目に見えざる存在の実在を感じ、それが普遍的な信仰心まで高まった方が数多くおられます。そういう方々の気付いた事柄を理論的に、あるいは実際面に基づいて極めつつ、諸々の悩みに答えるために、菱菱総研は活動しているのです。

ではなぜ、神霊研究家であり宗教家でもある深見先生は、会社経営に携わり、コンサルティングもされるのでしょうか。

現代は、民主主義・資本主義・国際主義の時代です。その時代の中にあって、時代を超えても変わらない普遍的な宗教性を、人間の本質をとらえつついかに現代に生きる人々や社会の中に生かすのか、というテーマに真剣に向かうことが、宗教の本質であり、真にすぐれた価値を発揮する現代宗教であると深見先生は考えておられるからです。

現在、日本の労働人口の8割がサラリーマンとして、商工業を中心とする経済活動によってその生計を立てています。この日本社会において、親鸞が親しく民衆に接し、和光同塵的に民衆とその生活を同じくした如く、深見先生はサラリーマンも経営者も経験し、経済活動の中に身を置く一社会人としての立場を保ち続けているのです。だからこそ宗教家として、人々が今何を求め、何を悩み苦しんでいるのか肌で感じることが出来るのです。本書や名著『大金運』をはじめ、人々の悩みを鮮やかに解決する深見先生のベストセラーの数々も、その中から生まれたものです。

現代は、豊かな時代、経済の時代、民主主義の時代です。この時代の実情を全く無視し、宗教が精神と心の救済のみを謳《うた》うことは、古い時代の宗教観念に拘泥するあまり、今の人々の幸せを求める現実の必要性に答え切れていないのではないかと信じます。無論、精神と心が主であり、物質の豊かさは従であるべきですが、その両面を救うことができる時代が現代なのです。その中で、コンサルティングや宗教活動を通じ、人々を精神的側面・物的側面の、両方から救おうとされる深見先生の姿勢は、まさに現代という時代に生き、この時代に合った形で人々を救済し、幸せに導こうとする、真の宗教家としての姿ではないかと確信するものです。

こうした次元の高い視野で、深見先生は自ら仕事を持ち、予備校経営・商社経営その他に携わりつつ、その合間に本業である宗教活動を貫かれているのです。これは、今までの宗教家になかった革新的な個性であると同時に、やろうとしても為し得なかった能力であり、才能であると言えるでしょう。自由経済社会に生きる民衆の一人として、その呻吟や苦しみを肌で感じながら、その人々を救っていく、それが深見先生と菱菱総研の願いなのであります。

《菱菱総研の主な活動内容と会員特典》

- ●月例タメカンセミナーへの参加優待・御招待
- ●所長（深見先生）を囲んでの懇親会（毎月セミナー終了後）
- ●週刊情報紙ホットビジネス・ウィークリー（毎週ＦＡＸにて送付）
- ●ボイスジャーナル（毎月のホットな話題にふれた、所長の講義テープ）を毎月送付
- ●経営に功徳のあると言われる神社の御札を毎月送付
- ●海外視察
- ●菱菱総研主催の各種シンポジウムへの特別御優待

●非公開セミナー（経営に功徳のあると言われる神社の、真の活用法を会員のみに所長が解説）
●所長による経営ワンポイント・アドバイス
●各種社員教育

…ほか。（詳しくはパンフレットをご請求下さい）

★確たる指針と「勇躍の息吹き」を提供する月刊誌、「ザ・大社長」(仮称)が95年6月創刊！アジア・ヨーロッパの最新情報から、経営を成功に導く各種ノウハウ、社長としての健康管理法にいたるまで、菱研がすべての経営者に贈る「経営者必読誌」です。

入会をご希望の方、パンフレットご希望の方、「ザ・大社長」購読希望の方は左記へご連絡頂くか、はさみ込みのハガキをご利用下さい。

〒167　東京都杉並区西荻北3―23―7―204　㈱菱菱総研
☎03―3397―8214／FAX03―3397―9278

これを知ったら、もう周りはあなたに釘付け！
人気独占運　西谷泰人著　八八〇円

読むだけでみるみる超能力が出てくる
あっという間に超能力がつく！　西谷泰人著　八八〇円

3万人を徹底調査！　これがモテる秘密だ!!
モテる謎　西谷泰人著　八八〇円

犬・猫に学ぶ最高の生き方
モーレツ運　西谷泰人著　八八〇円

絶対に勝ちたいとき、この本しかない！
最高運　西谷泰人著　八八〇円

悪霊・悪運バカスカ取れてどんどん開運
霊界最高の書　西谷泰人著　八八〇円

人を虜にする〝魅力〟研究の決定版！
魅力を持て！　西谷泰人著　八八〇円

運のいい人にくっつけば、たちまち運がよくなる！
くっつき運　西谷泰人著　八八〇円

そんなありきたりな内容ではありません
繁栄の大秘密　西谷泰人著　八八〇円

本当の恋に出会える方法を解く
恋ができる本　西谷泰人著　八八〇円

大ヒット「的中手相術入門」の英語版！
PALMISTRY REVOLUTION　西谷泰人著　一五〇〇円

——他の出版社刊——

災難を避《よ》け、幸運を呼ぶ秘法
的中手相術入門　西谷泰人著　七八〇円
日本文芸社刊

ズバリ当たるカンタン手相術
見てわかる手相術　西谷泰人著　八三〇円
日本文芸社刊

さまざまな開運法のオンパレード
大開運　西谷泰人著　八五〇円
学研刊

著者近影

〈著者紹介〉

深見東州(青山)(ふかみ・とうしゅう〔せいざん〕)

㈱菱菱総研所長、ワールドメイトリーダー、ジャパニーズフラインドゴルフ協会理事長。国内・海外合わせて十数社の経営に携わる国際的ビジネスマンである。㈱菱菱総研においては所長を務め、悩める経営者にアドバイスを行なっている。単なる理論の域にとどまらない、自らの経営体験と実学ノウハウに基つく実践的なコンサルティングに、救われた企業は数多い。

また、これらの経済活動の傍ら、15歳で世のため人のために生きると決意して以来の「人類救済」の大願を成就すべく、宗教家としての活動を行っている。しかしあくまでも、日常生活の中で神人一体の道を極めることを重視し、大学卒業後建設関係の営業マンを体験した後、26歳の時に会社を設立。

「現代は資本主義の時代、経済の時代。とりわけ、労働人口の8割がサラリーマンと言われる現代日本において、人々か真に求めているものや、その仕事から生まれる呻吟や葛藤を真に理解して救済するには、自らも経済社会の一員として、一社会人としての立場を貫くことが重要。百円の有り難み、千円の大切さを常に忘れぬ宗教者でいたい」と語る著者の姿勢は、アカデミズムの宗教学者からも「革新的・現代的な宗教家」として高く評価されている。

神霊能力者としても著名で、25歳で既に天眼・天耳・他心・運命・宿命・漏尽通力の六大神通力をマスター。守護霊・前世鑑定、星ツアー、救霊、その他300種以上の神法を持つ。会社経営を成功させてきた実践ノウハウの上に、これらが総合的に駆使されるコンサルティングは、まさに神技的な冴えを発揮する。深遠な思想をユーモアをまじえて、わかりやすく説く語り口と、磊落なからも繊細さもかねそなえた人柄の魅力かあいまって、政財界・芸能界・宗教界などの信奉者をはしめ、若者から老人までファン層は厚い。

現在、ワールドメイトリーダーとして宗教活動を続けている。いわゆる霊能者のイメージはまったくない。常識豊かな福祉事業家であり、作詞、作曲、声楽、指揮、舞踊、書道、絵画、能楽、文筆、短歌などに秀でた文化人でもある。

Management Strategies That Work

Published by Tachibana Shuppan, Inc.

This edition published in cooperation with toExcel,
a strategic unit of Kaleidoscope Software, Inc.

For information address:
toExcel
165 West 95th Street, Suite B-N
New York, NY 10025
www.toExcel.com

ISBN: 1-58348-063-3

Library of Congress Catalog Card Number: 98-88919

Printed in the United States of America

0 9 8 7 6 5 4 3 2 1

www.ingramcontent.com/pod-product-compliance
Lightning Source LLC
Chambersburg PA
CBHW020736180526
45163CB00001B/260
9781583480632

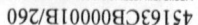